U0448466

中国妇女发展实践经验报告
（2015—2020）

吴利娟　主编

商务印书馆
The Commercial Press

图书在版编目（CIP）数据

中国妇女发展实践经验报告：2015—2020 / 吴利娟主编. -- 北京：商务印书馆，2024. -- ISBN 978-7-100-24687-3

Ⅰ．D442.6

中国国家版本馆CIP数据核字第20249YQ935号

权利保留，侵权必究。

中国妇女发展实践经验报告：2015—2020
吴利娟　主编

商 务 印 书 馆 出 版
（北京王府井大街36号　邮政编码100710）
商 务 印 书 馆 发 行
三河市尚艺印装有限公司印刷
ISBN 978-7-100-24687-3

2024年12月第1版　　　开本 880×1230　1/32
2024年12月第1次印刷　印张 8

定价：58.00元

致　谢

在本书的编撰过程中，我们有幸得到了许多前辈学者、资深专家和杰出实务工作者的大力支持。他们的智慧、经验和专业精神为本书的深度和广度增添了不可估量的价值。

感谢蔡一平、冯媛、李慧英、刘小楠、荣维毅、王国红、徐玢、赵捷、赵群、张李玺在议题选择上的深思熟虑、在全书总体框架上的宝贵建议、在审稿过程中的专业和细致。她们对领域整体发展趋势的洞察为全书的编撰指明了方向，确保了其学术性、时代性和前瞻性；她们对不同议题之下核心问题的精准把握以及对各议题报告的严谨态度和建设性反馈，不仅提升了报告的质量，也极大地促进了作者们的思考和成长。

感谢C先生、蔡凌萍、杜芳琴、李洪涛、李军、李莹、李远红、陆荣艳、罗瑞雪、彭玉娇、齐丽霞、汝小美、孙艳、汤梦君、王佩、王小英、谢丽华、徐玢、叶文婷、邹长斌、邹伟全在北京研讨会上的实务项目介绍和经验分享。他们提供的鲜活案例不仅丰富了本书的内容，也为作者们提供了宝贵的实践视角和启示。感谢卜卫、陈力、方炼、郭瑞香、刘爱玉、刘伯红、佟新、张艳霞对这次研讨会的大力支持。

对于所有参与本书各章编写的作者,我们同样表示衷心的感谢。每一位的辛勤工作和创造性贡献都是本书得以完成不可或缺的一部分。

我们深知,没有大家的鼓励和支持,这本书稿的完成是不可能的。

再次诚挚感谢每一位为本书付出努力的人。

本书作者

吴利娟，北京大学社会学系副教授。主要研究方向为社会性别研究、社会组织、社区发展。

王跃祺，瑞典隆德大学亚洲研究硕士，主要关注性别公益传播、性别公益组织可持续发展，目前从事公益组织能力建设相关工作。

欧晓鸥，爱尔兰利莫里克大学女性研究专业硕士，云南省社会科学院社会学研究所副研究员，主要研究领域为社会学、社会性别与发展。

王晓莉，中共中央党校（国家行政学院）社会和生态文明教研部教授。主要研究领域为公共事务治理、乡村治理、社会性别与公共政策。

张冉，北京大学教育学院副教授。主要研究领域为教育法律与政策、国际比较教育、质性研究方法，研究兴趣涉及学位制度、平等保护、性别与教育、教师职业道德、中小学风险管理等。

詹婧，北京大学教育经济与管理硕士，现于地方教育部门工作。

李玲，云南大学人类学硕士，主要研究方向为女性人类学研究，NGO从业者，长期从事与防治艾滋病相关的工作。

罗鸣，香港中文大学社会学博士，北京外国语大学英语学院讲师，从事迁移与移民、性别社会学研究。

李莹，北京大学民商法学硕士，北京市振邦律师事务所副主任、合伙人、律师，关注性别暴力和性别歧视议题。

林依琳，山东大学法学硕士，目前从事法律实务工作。

目 录
CONTENTS

致 谢　I

本书作者　III

前 言　1
一、研究缘起　1
二、研究视角、议题与方法　3
三、研究发现　8
四、总结与展望　13

第一章　社会性别与中国反贫困实践　16
一、社会性别视角下的贫困概念　16
二、社会性别视角下的中国精准扶贫政策　29
三、社会性别视角下的中国民间反贫困实践　47
四、对策与建议　57

第二章　妇女与教育　63
一、宏观态势与政策愿景　64

二、妇女教育取得的成效与进展　72

三、问题与挑战　90

四、良好实践案例总结　107

五、结论与建议　116

第三章　妇女与健康　122

一、背景介绍　122

二、中国政府和民间组织对妇女健康事业的推动　124

三、中国健康促进事业取得的成就　130

四、妇女健康的问题和挑战　135

五、结论与建议　151

第四章　基于性别的暴力　157

一、背景介绍　157

二、中国反对性别暴力的工作：进展与问题　174

三、民间反对性别暴力的行动与贡献　185

四、关于促进民间参与性别暴力治理的建议　195

第五章　就业中的性别歧视　197

一、回顾与进展　198

二、我国性别歧视面临的主要问题和挑战　208

三、消除就业中的性别歧视的良好实践　225

四、对策与建议　235

前 言

吴利娟　王跃祺

一、研究缘起

1995年，第四次世界妇女大会（以下简称"95世妇会"）在北京召开。论坛围绕"以行动谋求平等、发展与和平"的主题，就妇女与贫穷、妇女的教育和培训、妇女与健康、对妇女的暴力行为、妇女与武装冲突、妇女与经济、妇女参与权力和决策、提高妇女地位的机制、妇女的人权、妇女与媒体、妇女与环境、女童等12个重大关切领域展开专题讨论。中国政府积极参与了大会文件《北京宣言》和《北京行动纲要》[①]（以下简称《行动纲要》）的制定。1996年，联合国经济与社会理事会决定每五年进行一次审查，评估《行动纲要》的执行情况，并提出未来的行动倡议。自此，在国际层面、区域层面和国家层面评估95世妇会以来的性别平等进程成为国际惯例，各国政府、各级各类民间组织都是评估工作的积极参与主体。

---

① 《北京行动纲要》也译作《北京行动纲领》。

在中国，除了国家层面的评估报告，专家学者、民间组织也积极参与了95世妇会召开10周年、20周年的回顾评估工作。例如，"社会性别与发展在中国"（GAD）网络组织专家完成了《中国妇女发展报告（95+10）》[①]；柯倩婷等专家学者编写的《中国妇女发展20年：性别公正视角下的政策研究》从12个关切领域考察了我国性别平等政策的执行过程和落实效果[②]。

2020年是95世妇会召开25周年的纪念年，虽然当时全球处于新冠疫情的笼罩下，"北京+25"的评估活动在国际、区域和国家层面照常开展。在联合国层面，联合国妇女署于2020年3月发表了《北京会议召开25年后妇女权利审查》报告[③]，指出各国在实现性别平等方面的进展缓慢且非常不均衡。在区域层面，联合国亚洲及太平洋经济社会委员会（ESCAP）于2019年11月在曼谷召开了"北京+25"审议亚太部长级会议，敦促亚太国家将性别平等纳入国家发展规划与财政预算等决策进程，增进与可持续议程的融合发展。[④] 在国家层面，中国政府向2020年3月召开的联合国第六十四届妇女地位委员会提交了《第四次世界妇女大会

---

① 莫文秀主编：《中国妇女发展报告（95+10）》，社会科学文献出版社2008年版。

② 柯倩婷主编：《中国妇女发展20年：性别公正视角下的政策研究》，社会科学文献出版社2015年版。

③ UN Women, *Gender Equality: Women's Rights in Review 25 Years after Beijing*, 2020-03-09, [2024-09-27], https://www.unwomen.org/en/digital-library/publications/2020/03/womens-rights-in-review.

④ 中华人民共和国常驻联合国亚洲及太平洋经济社会委员会代表处：《"北京+25"审议亚太部长级会议高票通过部长级宣言》，2019-12-06，[2024-09-27]，http://escap.chinamission.gov.cn/dbcxw/201912/t20191206_8378470.htm。

暨〈北京宣言〉与〈行动纲要〉通过二十五周年国家级综合审查报告》①，总结了过去五年内中国在性别平等领域取得的成就以及对挑战的应对策略。在民间，一系列与"北京+25"有关的学术研究也已付梓。例如，2020年，《山东女子学院学报》开设北京世妇会25周年专题研究栏目，一批专家学者就性别暴力、妇女与和平、妇女与科技、妇女的人权等议题展开回顾与评论。《山西师范大学学报》（社会科学版）也开设了"北京+25"系列笔谈栏目，诸多专家学者从理论反思、性别与社会以及回顾与展望三个维度对95世妇会以来中国妇女的发展变化和妇女研究状况进行了探讨。但是，民间对于"北京+25"的评估多散见于各类学术期刊平台，尚未有将各个专题汇报集结成册的汇编版本。因此，本书延续民间参与95世妇会以五年为周期开展回顾和评估工作的传统，将专家学者的专题报告汇集成册，以回顾我国妇女发展在2015—2020年间所取得的成就和存在的不足，并提出可行性建议。

二、研究视角、议题与方法

（一）研究视角

本书秉持两个主要的研究视角：一是性别公正视角；二是实践视角。

---

① 联合国妇女署：《第四次世界妇女大会暨〈北京宣言〉与〈行动纲要〉通过二十五周年国家级综合审查报告》，2019-12-06，[2024-09-27]，https://www.unwomen.org/sites/default/files/Headquarters/Attachments/Sections/CSW/64/National-reviews/China.pdf。

1. 性别公正视角

作为95世妇会所通过的两份重要文件，《北京宣言》重申了各国致力于实现男女平等的承诺，而《行动纲要》则提供了一个具体的路线图，旨在消除女性在各个领域中面临的障碍，并推动全球性别平等和妇女发展。《行动纲要》认识到性别不平等是一个复杂而且多层面的问题，妇女由于年龄、文化、残障等身份的交叉性，以及环境灾害、传染病、针对妇女的暴力等各种外部因素，在充分实现平等与发展方面面临多维度的障碍。《行动纲要》提出了优先采取行动的12个关切领域。可以认为，《行动纲要》从政治、经济、社会、文化等多个角度，对性别不平等现象进行了深入分析，并制定了战略目标及相关行动计划。

此外，《行动纲要》还强调了促进性别平等过程中不同主体的责任。具体而言，各国政府应制定和实施有利于性别平等的法律法规，确保女性在政治、经济和社会生活中的平等权利，提供必要的资源和支持以消除性别歧视；民间组织应积极参与性别平等的宣传和教育工作，推动基层性别平等实践，监测和评估政府和企业在性别平等方面的进展；国际发展合作组织应通过国际合作和援助，支持发展中国家实施性别平等政策，并在全球范围内倡导和推动性别平等议程；私营部门的企业和雇主需要采取积极措施，消除工作场所的性别歧视，提供平等的就业和晋升机会，建立有利于女性发展的企业文化。

《行动纲要》对解决性别不平等问题多维度、多主体的关切启示我们，性别主流化是实现性别公正的重要路径之一，要想实现性别公正，就要将性别分析融入所有层级的政策与方案的制定、执行、监测和评价等各个环节，使性别视角成为主流。使用性别公正视角回顾和分析性别平等与妇女发展进程，需要从以下环节着手：一是界定问题，即不同性别的人群是否受到同一现象的不同影响，以及问题的产生是否有性别因素的作用，察觉和承认基于性别的问题在程度、状态、性质、成因等方面的差异，是实现性别公正的起点；二是选择介入问题的政策和方案，即充分意识到不同的政策和方案选择对不同性别的人群可能带来不同的影响，在选择介入政策和方案时将性别维度的影响作为选择标准之一；三是评估介入的效果，即在对政策和方案的效果进行评价时，也要纳入性别视角，考察政策和方案的实施对不同性别的人群分别带来怎样的影响，是否平等地从其中获益或平等地承担其成本，尤其要注意性别维度上可能存在的隐性后果，在短期效果和长期影响之间把握好平衡。

2. 实践视角

本书各章采用实践视角，主要从以下几个方面进行考量。首先，基于实用主义取向，旨在评估政策的有效性及其措施是否能够改善性别不平等的状况，改变弱势群体的处境。其次，各章对包括国家和民间组织在内的多个行动主体的具体行动投以关注，探讨性别平等政策与方案在实际操作中如何能够达到最佳实践效果。最后，本书还强调了交叉性分析的重要性，认识到女性群体并非单一化的存在，其内部具有显著的异质性——在中国，城乡、户籍、残障等因素与性别维度产生交叉后，形成了不同身份的女性群体，这些群体在处境、问题和需求上具有较大差异。在实际操作中，各行动主体已经积累了一些适用于不同群体的良好经验。因此，本书各章以期全面呈现这些经验，为进一步推动性别平等的实现提供有力支持。

（二）议题选择

《行动纲要》提出了12个在性别平等领域中值得重点关注的子议题。在中国社会环境下，有学者指出，《行动纲要》所关注的议题领域存在一定局限性，比如，忽视了老龄化趋势以及人口流动对妇女带来的挑战，并建议在进行性别平等工作回顾时增加关注"妇女与老龄化"和"妇女与流动"两个新议题。[①] 本书在进行议题选择时，不再拘泥于《行动纲要》提出的议题领域，而是采取了更加"向内看"的视角，以中国经验为本选取议题。本书参考了《第四次世界妇女大会暨〈北京宣言〉与〈行动纲要〉通过二十五周年国家级综合审查报告》中提及的推动性别平等和妇女发展的五大优先事项：消除妇女贫困、遏制针对妇女和女童的暴力、保障妇女和女童接受公平的优质教育、全面推动妇幼健康事业发展以及积极改变性别陈规定型观念和社会规范，并基于此形成了本书所关注的五个议题：社会性别与中国反贫困实践、妇女与教育、妇女与健康、基于性别的暴力以及就业中的性别歧视。

---

① 柯倩婷主编：《中国妇女发展20年：性别公正视角下的政策研究》，社会科学文献出版社2015年版，第9页。

(三)研究方法

1. 文献法

本书各章采取的主要研究方法是文献法,文献资料主要来自于国家与地方政策法规以及由民间组织或者研究机构公开发布的统计资料和研究报告。这些资料既包括宏观层面的综合性别统计数据,如国际层面上的《2020年全球性别差距报告》,国家层面上的《中国妇女发展纲要(2011—2020年)》统计监测报告、《中国社会中的女人和男人——事实和数据(2019)》,以及地方层面上的妇女发展规划监测数据;也包括各个议题的专业统计数据,如国家卫健委妇幼健康司发布的《中国妇幼健康事业发展报告(2019)》、民政部发布的《2018年农村留守儿童数据》、国家统计局住户调查办公室发布的《中国农村贫困监测报告(2015)》以及中国残疾人联合会发布的《中国残疾人事业发展统计公报》等。

同时,各章也根据议题内容,广泛引用了民间组织发布的研究报告。例如,在"妇女与教育"一章中,引用了广东省残培教育基金会发布的《残障女性需求状况调查报告(2019)》中关于残障女性教育状况的统计数据,也引用了性教育机构"女童保护"发布的《2018年性侵儿童案例统计及儿童防性侵教育调查报告》中教职工性侵未成年人相关数据。在"基于性别的暴力"一章中,引用了为平妇女权益机构所发布的《〈中华人民共和国反家庭暴力法〉实施四周年监测报告》,以对《反家庭暴力法》的实施现状做更全面的回顾。在"就业中的性别歧视"一章中,引用了招聘平台智联招聘发布的《2019中国女性职场现状调查报告》以及联合国开发计划署等联合发布的《中国性少数群体生存状况调查报告》，展示了关于女性就业更细致深入的数据。

2. 访谈法

本书的辅助研究方法是访谈法。2020年年底，我们在北京召开了研讨会，除了参与各议题报告撰写的研究团队，还邀请了在不同议题领域开展良好实践的民间组织负责人或核心成员到会分享他们的实践经验。研究团队还利用这次会议机会，对来自全国各地的实践者进行了简短访谈。通过这次会议，研究者与实践者进行了面对面的交流，了解了民间组织在性别平等实践中的具体经验，探讨了实践者在中国本土情境下改善或解决性别不平等具体问题的有效做法。

三、研究发现

本书各章涉及不同妇女发展议题，各章作者总结了近年来我国性别平等与妇女发展重点领域的进展与成就、所面临的突出问题与挑战，关注了良好实践的本土性与创新性，并提出了多层次多维度的建议。

第一章是"社会性别与中国反贫困实践"。自改革开放以来，中国政府实施了一系列扶贫政策，从小规模的救济式扶贫到综合性的开发扶贫，极大地减少了贫困人口。特别是自2012年以来，中国进入了精准扶贫的新阶段。精准扶贫惠及妇女，通过在制度层面将妇女脱贫发展纳入国家精准扶贫战略、发挥妇联组织作用、调动妇女参与的能动性、组建多元化的支持网络，我国形成了具有中国特色的妇女减贫经验。但是，减贫工作仍面临一些问题和挑战。比如，在贫困测量统计和减贫项目执行过程中缺乏性别敏感度、妇女在社区决策中参与度不足、民间组织参与困难，以及社区和家庭层面的传统观念和结构性障碍使得减贫工作强化了某些性别刻板印象。基于上述发现，本章提出五点建议：建立分性别统计制度和贫困监测指标以及评估制度；将社会性别敏感纳入扶贫与民生制度设计和实施；加强部门协调，促进资源合理配置；关注农村妇女、单亲家庭女户主等脆弱女性群体；以及重视民间组织参与。

第二章是"妇女与教育"。妇女教育在中国取得了显著进展。根据《2020年全球性别差距报告》，中国在教育成就方面得分为0.973，超过了全球平均水平。各级教育中，女学生的入学率和受教育年限均显著提高。义务教育基本实现男女平等参与；女性高等教育受教育人数持续增长，女性在接受本专科教育的学生中占比已经超过50%；职业教育与特殊教育齐头并进。但女性在教育领域仍面临三个方面的主要障碍。首先，残障女性、农村女性、留守女童、少数民族女童等弱势女性群体作为受教育者的平等权尚未得到充分保障。其次，性别平等教育仍然欠缺，教材、学校教育与家庭教育中的性别意识有待提高。另外，在教育环境中因性别导致的伤害屡见不鲜，校园欺凌、教师性侵未成年人以及高校性骚扰造成的恶劣后果在近年来受到社会关注。针对上述问题，政府及民间组织积极应对，良好实践经验包括：在省市级别建立法规政策性别平等评估机制，公检法、教育部门、专业社会服务机构等不同部门和社会力量协力应对性侵未成年人问题，以及民间组织发挥专业性提供性别教育课程等。基于上述发现，本章建议，为了进一步推进性别平等教育，需要构建纵横交错的行动网络。在纵向上，应将地方性的分散实践整合进国家整体性法规政策体系。在横向上，需确保政府主导，各部门间通力协作。此外，还需制定针对特定群体的具体政策，关注多重不利地位女性的需求。最后，推动性别平等教育需要在政策制定、教育内容、教育环境等多个层面进行全面细致的改进，以消除性别歧视，实现实质性的性别平等。

第三章是"妇女与健康"。近年来，中国在妇女健康领域取得了显著成就，孕产妇死亡率显著下降，"两癌"筛查覆盖面扩大，消除母婴传播传染病取得显著成效。互联网新媒体平台上的妇女健康知识科普使得妇女健康知识得到广泛传播。然而，妇女健康问题仍然面临一些新的挑战，尤其是在农村和贫困地区，妇女的健康状况与城市存在明显差距。从政府到民间组织对女性健康的关注点主要集中在女性生殖健康方面，对女性作为"全人"的健康问题，尤其是女性心理健康问题关注不足。此外，环境污染、职业危害等外部因素也对妇女健康构成威胁。面对这些新挑战，民间组织积极响应，深入基层社区开展调查研究并提供服务，在回应弱势女性需求与应对妇女健康领域新兴问题上表现突出。本章建议全面关注女性健康，从全生命周期、生理与心理健康等多维度维护妇女健康。同时，应当努力缩小城乡差距和妇幼卫生发展的不平衡，发挥政府职能，调动民间组织合作，拓展妇女健康事业的广度与深度。

第四章是"基于性别的暴力"。针对家庭暴力、性暴力、性骚扰、网络性别暴力等问题，近年来，中国在立法、司法实践、政策推动方面都取得了一定进展。在立法层面，我国加大已有法律法规遏制和惩处性别暴力的力度，规定了性骚扰的认定标准，还建立了针对具体性别暴力类型的专门法律。在司法实践层面，最高法、最高检通过发布典型案例规范指导了性别暴力案件的处置。有关部门也相继颁布了治理性别暴力问题的一系列针对性措施。妇联系统在为受暴妇女儿童提供社会救助方面表现突出。但反性别暴力工作仍面临一些问题，比如，对多重脆弱性或交叉性的关注不足，对少数民族妇女、老年妇女、残障妇女遭受的性别暴力问题缺乏重视。另外，针对性别暴力问题的政策缺乏有效执行，针对性别暴力受害者的综合性社会服务体系尚未建立健全。传统性别规范、性别刻板印象等观念仍然影响着对性别暴力幸存者的救济。目前，我国民间力量积极参与性别暴力治理，民间组织的反暴力实务工作呈现出专业化和合作化特点，与政府深入互动，在多部门反性别暴力合作中促进不同政府部门和民间组织之间的黏合沟通。同时，民间组织还积极进行倡导型调查和跟踪式调查，积累经验案例，为反性别暴力机制的制定建言献策。本章建议，完善相关法律法规，使民间组织在参与反性别暴力工作中切实有法可依、有法可循。另外，应当关注性别暴力治理工作的整体性与系统性，不仅应当强化对性别暴力幸存者的救济，也应当关注潜在受害者，为其赋权增能。最后，应在国家或法律等层面明确性别暴力与歧视的概念，并增强对交叉性问题的关注。

第五章是"就业中的性别歧视"。近年来，中国持续完善消除就业歧视的立法和政策措施，妇女就业规模扩大，女性专业技术人员和公务员比例增加，女性参与企业管理的比例也有所提升。但是，妇女在就业中仍面临诸多挑战。招聘过程中的性别歧视依然存在，用人单位在招聘信息中限制性别、提高对女性求职者的要求以及询问女性的婚姻和子女状况的做法屡见不鲜。性别歧视不仅存在于招聘阶段，还体现在职业发展和薪酬待遇上。此外，全面推行两孩政策后，由于配套措施尚不完善，女性在就业市场中面临的困境更为复杂。流动妇女、残障妇女等弱势女性面临更大的就业困境。针对就业性别歧视现象，相关法律法规的执行仍然有待完善，受害者面临维权渠道不明和维权困难的问题。应对上述问题，一系列创新和本土化实践经验值得借鉴。中国纺织工业联合会从社会责任的角度，通过在行业准则中纳入反性别歧视和性骚扰的有关规定，积极引导企业维护工作领域中的性别平等。民间组织参与反就业性别歧视跨部门合作，与地方行政部门、工会、妇联等机构联合组建促进平等就业专门机构。另外，人民法院还通过司法裁判保障和宣传就业平等。基于上述观察，本章建议，首先，加强现有反歧视法律、法规和政策的实施力度，建立相应的制度实施评估机制和促进性别平等的专门机构与配套机制，并在此基础上制定和完善反歧视法律法规。其次，应当完善就业和抚育支持性措施，提高企业违法成本。另外，还应考虑性别歧视的交叉性后果，全方位加大保障特殊弱势女性的就业权。

四、总结与展望

中国政府在妇女发展与性别平等领域的目标与 95 世妇会《行动纲要》所制定的目标以及联合国可持续发展目标相一致，均以实现性别主流化、追求性别公正的社会为目标。根据《行动纲要》以及我国政府的发展目标，性别主流化的实践应当是体系化的，既涵盖关涉性别公正的多个领域，也力图在宏观到微观各个层面的实践中融入性别公正的视角。

本书通过 2015—2020 年间我国推动性别平等和妇女发展的五大领域的回顾，发现目前我们的实践尚未完全实现体系化，不同领域以及实践中不同环节的性别主流化状况参差不齐。具体表现为：

（1）在反贫困领域，从中央到地方各级妇联组织和广大妇女积极参与了国家的扶贫攻坚工作，达成了"全部消除绝对贫困"的目标，体现出反贫困议题上性别主流化的中国特色；但在反贫困的制度设计、监测评估以及基层参与等方面，进一步落实性别主流化仍有不少进步空间。

（2）教育领域在消除显性的性别歧视方面取得了令世界瞩目的成就，但在识别和减少隐性歧视以建设更全面的性别公正教育环境方面仍面临不少新的议题。

（3）健康领域的性别主流化从宏观制度到具体落实都十分有

力,但关注焦点局限于女性的生殖健康相关问题,需要进一步拓宽和加深健康议题上对性别差异和性别平等的理解,扩大性别主流化在健康领域的关注范围。

(4)反对性别暴力领域在宏观制度层面的性别主流化取得了显著进展,但在法律落实和政策执行层面往往面临资源配置不充分、工作人员性别平等意识培训不到位等问题,从而在一定程度上导致政策法规的效果在实施过程中打了折扣。

(5)就业领域在反对性别歧视的宏观制度层面有法可依,就业领域的显性性别歧视在减弱,但隐性性别歧视一直存在;减少就业领域的性别歧视需要在性别主流化上做更加深入的工作,促进现有法规的强化和落实,建立整合度更高、力度更大、可操作性更强的法律体系。

在性别主流化有所实践但体系尚未建成的情形下,各领域既取得了突出的进展与成就,也存在某些层面的问题未得到解决以及某些群体的需求未得到满足的情况。地方政府和民间组织在一定程度上通过其良好实践弥补了性别主流化在体系建设上的不足,灵活地将性别主流化融入针对特定议题的实践中,做到了因地制宜、因时制宜,积极发掘本土文化和制度资源,采取适用于本土环境的策略,体现出了较强的主体性和较好的创新性。本书各章提及的地方性的政策法规、企业或者行业的规章制度、民间组织扎根基层和一线的实务工作策略和手法,就是这样的例子,它们在特定领域和特定地区的实践有效地促进了性别公正。对这些分散的良好实践,有待于更进一步的梳理、分析、总结和提炼,以将其精华整合到系统性的性别主流化框架中。需要指出的是,由于性别不平等的复杂性,不同领域、不同地区、不同人群需要有不同的实现性别公正的具体措施,不能简单地对良好实践的方案与经验进行复制粘贴。

希望我们的工作能够为性别主流化的系统建设提供资料、引发思考,促进多元主体之间的合作,在实践中全方位、多角度地推进性别公正的进程。

第一章　社会性别与中国反贫困实践

欧晓鸥　王晓莉

95世妇会《行动纲要》将贫困问题放在关切领域的首位，列举了妇女贫困的具体表现，涵盖营养与健康、生计与收入、住房、环境、社会、文化等不同维度，并针对各国政府、国际组织、私营部门和民间组织等提出四方面的战略目标。本章系统回顾了有关贫困、妇女贫困的概念与测量，梳理了社会性别视角下的中国精准扶贫政策，总结了中国民间反贫困实践的良好经验，从社会性别角度针对中国反贫困实践提出了对策与建议。

一、社会性别视角下的贫困概念

（一）贫困的界定与测量

1. 绝对贫困的概念与测量

国内外贫困研究和减贫政策的制定大多基于绝对贫困和相对贫困的概念。1901年英国学者朗特里（Benjamin Seebohm Rowntree）在《贫困：城镇生活的研究》中首提"贫困"的界定，指按照"获得维持体力的最低需要"的"购物篮子"所需要的货币预算确定贫困线。① 这奠定了我们通用的以收入衡量的绝对贫困的概念。20世纪中期，考虑到贫困者的社会需求和人力资本积累需要，贫困的收入测度中增加了诸如公共环境卫生、教育和文化设施等社会福利内容，由此产生了基本需要概念。"基本需要法"是发展中国家比较常用的测量绝对贫困的方式，核心是从消费角度确定维持个人生存所需的基本需要的种类和数量，并相应地折换成货币量作为收入或消费贫困线。

世界银行按照基本需要法来定义和测量贫困（基本需要包括食物基本需要和非食物基本需要），帮助发展中国家制定国家贫困线，并从最贫困的国家中选出一部分代表，计算这些国家贫困线的平均水平，进而得出全球贫困线。这个贫困线最初的标准是每人每天1美元。2008年，世界银行根据15个最贫穷国家的贫困线平均值，确定每人每天1.25美元为全球贫困线。2015年，世界银行将每人每天1.25美元的贫困线按照2011年购买力平价（Purchasing Power Parity）调整为每人每天1.9美元。

中国政府于1985年首次制定了中国的农村贫困线。国家统计局将人均营养标准确定为每人每天2100大卡，然后根据20%的低收入人群的消费结构测算出满足这一标准所需要的食物量，再按照食物的价格计算出相应的货币价格。据此，1985年中国的农村贫困线被确定为每人每年206元。该贫困线先后于1990年、1994年和1997年进行了重新测定，其他年份的数据则使用农村居民消

---

① Benjamin Seebohm Rowntree, *Poverty: A Study of Town Life*, Macmillan, 1901.

费指数进行更新。但是，界定贫困的基本标准没有发生变化，即农户用于食物的支出达到85%，所以这一时期的贫困线基本上是一个极端贫困线，或者说温饱线。1985—2005年，中国农村的真实贫困线一直处在每人每年200元左右，远低于世界银行1990年采用的每人每天1美元的国际贫困线标准。

1998年中国政府开始测算新的贫困标准。但这一标准并未取代原有标准，而只是在2000年按照低收入标准公布，主要是用于监测刚实现基本温饱的贫困人口的动向并进行国际比较，在扶贫政策中只作为参考，并未按照这个标准配置扶贫资源。2011年，中国政府制定了2011—2020年新的农村贫困标准，以2010年不变价2300元为基数。这个标准不仅满足了2100大卡的食物摄取，也满足了每人每天60克的蛋白质需求。同时，基于60%的恩格尔系数，对于高寒山区的贫困人口统计采用1.1倍贫困线标准。这一新标准相当于每人每天1.6美元，介于世界银行2008年和2015年的全球贫困标准之间。

2. 相对贫困的概念与测量

在学界，无论是经济学家还是社会学家，都基本认同贫困是多元维度的。汤森（Peter Townsend）提出相对剥夺的视角。[1] 阿马蒂亚·森（Amartya Sen）提出了权利相对剥夺的视角[2]，认为贫

---

[1] Peter Townsend, *Poverty in the United Kingdom*, University of California Press, 1979, pp.20-24.

[2] 〔印度〕阿马蒂亚·森：《贫困与饥荒——论权利与剥夺》，王宇、王文玉译，商务印书馆2001年版，第15页。

困不仅包括穷人的收入分配，还包括贫困的程度，以及穷人进入市场、获得教育与健康等经济和社会权利的相对剥夺状况。

此外，还有两个概念有助于扩宽贫困的概念。一是"易受损害性"。世界银行将贫困人群易受损害性定义为：个人和家庭面临某些风险的可能以及由于遭遇风险而导致财富损失或生活质量下降到某一社会公认的水平之下的可能性。所以，易受损害性与遭遇风险和抵抗风险的能力及环境相关联，如果不能减低易受损害性，贫困人群将反复循环在贫困境遇中，难以摆脱贫困。① 二是"社会排斥"，即由于个人或群体被隔离于某种社会关系之外，限制了其获得资源和社会公共服务的机会。② 社会排斥概念对于认识贫困的现状和原因具有重要意义。

95 世妇会《行动纲要》将贫困问题放在关切领域的首位，列举了妇女贫困的多维度表现：缺少足以确保可持续生计的收入和生产资源；饥饿和营养不良；健康状况不佳；接受教育和其他基本服务机会有限或缺少这种机会；发病率和生病死亡率增加；无家可归和住房不足；不安全的环境；社会歧视和社会排斥；不能参与决策及公民、社会和文化生活。《行动纲要》还提出四方面的战略目标：目标 A.1 "审查、采取和维持宏观经济政策和发展战略，以满足贫穷妇女的需要并支持她们的努力"；目标 A.2 "修改

---

① 赵群、王云仙：《社会性别与中国妇女反贫困——概念、现状及其面临的挑战》，载赵群、王云仙主编：《社会性别与妇女反贫困》，社会科学文献出版社 2011 年版，第 3 页。
② 〔印度〕阿马蒂亚·森：《贫困与饥荒——论权利与剥夺》，王宇、王文玉译，商务印书馆 2001 年版，第 15 页。

法律和行政惯例以确保妇女有平等权利和机会获得经济资源";目标 A.3 "向妇女提供利用储蓄和信贷机制和机构的机会";目标 A.4 "制订以性别为基础的方法,并进行研究以解决妇女处于贫穷境况的问题"。

相对贫困线是欧盟国家度量社会包容性指数和"陷入贫困风险或遭受社会排斥"的重要指标,也被联合国开发计划署、联合国儿童基金会作为测度贫困的重要方式。2001年欧盟通过了相对贫困线的官方定义,即人均可支配收入中位数的60%,这大致相当于平均收入的50%;在其他国家,这个数字是中位数的50%或接近中位数的40%。联合国开发计划署《2000年全球贫困问题报告》提出:人类贫困是指缺乏人类发展最基本的机会和选择——长寿、健康、体面的生活、自由、社会地位、自尊和他人的尊重。这一定义强调贫困所具有的多元性质,包括收入水平、人类和社会发展基本情况,如教育和卫生条件、妇女和男人的社会地位和福利、全体公民参与发展过程的能力,这其中已经将性别因素纳入到了贫困界定的范畴。

阿尔凯尔(Sabina Alkire)和福斯特(James Foster)在森的理论基础上,构建了多维贫困指数"AF方法"。[1]2010年联合国开发计划署采纳了这一方法并在同年的《人类发展报告》中公布了全球多维贫困指数(Multidimensional Poverty Index,MPI),从健康、教育和生活标准三个方面选取10个指标对全球的多维贫困状

---

[1] Sabina Alkire, James Foster, *Counting and Multidimensional Poverty Measurement*, Oxford Poverty and Human Development Initiative(OPHI) Working Paper, 2007, No. 7.

况进行测算。冯贺霞、王小林等学者构建了基于汉语"贫困"定义的多维贫困理论框架,对中国收入贫困和多维贫困的关系进行了分析,指出对贫困的测量应包括三个层次:第一层次为"收入/消费贫困"测量,反映"贫";第二层次为既包括"收入/消费贫困",也包括教育、卫生、生活水平等反映客观的多维贫困;第三层次为包括社会融入等主观福利贫困的更广义的多维贫困,反映客观和主观的贫困。①

总的来看,贫困概念大致分为经济学视角的基本需要、社会学视角的社会排斥、发展学视角的能力贫困和政治学视角的权利剥夺等不同理解维度。2020年后,随着中国人均收入水平的提升和现行标准下绝对贫困的消除,中国扶贫工作由实现"两不愁、三保障"目标向应对和缓解发展不平衡、不充分的多维相对贫困转变。

(二)妇女贫困与贫困女性化问题

1. "贫困女性化"概念及收入指标测量

皮尔斯(Diana Pearce)在《贫困的女性化:工作和福利》一文中首次提出了"贫困女性化"(feminization of poverty)的概念及其发展趋势。②"贫困女性化"的概念主要是与男性比较而产生的,

---

① 冯贺霞、王小林、夏庆杰:《收入贫困与多维贫困关系分析》,《劳动经济研究》2015年第3卷第6期。
② 转引自姚桂桂:《试论美国"贫困女性化"——20世纪后期的一个历史考察》,《妇女研究论丛》2010年第3期。

一般是指女性和男性总体贫困水平差异的增加，其测度主要基于皮尔斯的研究成果并进行了改进。

皮尔斯在研究中测量了两个数据：一是穷人中女性的比例；二是贫困家庭中女户主家庭的比例，即她分别以贫困个体和贫困家庭总数为分母来计算其中的女性数量和女户主家庭的比例。此后对"贫困女性化"的测量多采用包括贫困和非贫困群体在内的总群体规模为分母，一是以个体为单位的女性群体与男性群体之间的差异比较，即如果女性群体的贫困水平比男性群体上升更快，则可认为存在贫困女性化的现象；二是以家庭为单位的女户主家庭与男户主家庭、配偶家庭相比较，若前者的贫困水平高，则可认为存在贫困女性化的现象。

有学者基于上述方法对国家贫困女性化进行研究。一份研究基于西方18个国家1969—2000年的收入数据进行测量，结论是女性贫困发生率与男性贫困发生率之比为1.397，贫困强度之比为1.374，显示出从相对收入衡量的女性贫困程度高于男性。[①]

就中国而言，理论上可以基于统计样本的收入进行研究测量。例如，按2011年不变价格计算，中国的农村绝对贫困线为农民年可支配收入2300元人民币，统计或调查低于这个标准的男性和女性的数量即可得到基于性别的贫困发生率，并可以根据分性别的最低收入和平均收入的差距估算贫困程度的性别差距。遗憾的是，

---

① David Brady, Denise Kall, Nearly Universal but Somewhat Distinct: The Feminization of Poverty in Affluent Western Democracies, 1969-2000, *Social Science Research*, 2008, p. 37.

中国农村抽样调查的基本单元是户而非分性别的个体，因此无法依据统计数据来测量。采用的替代指标是，建档立卡的贫困户中女性占比，以及抽样调查中贫困发生率的分性别统计。根据2019年《中国妇女发展纲要（2011—2020年）》统计监测报告，2019年年末全国农村贫困人口中约一半为女性，贫困发生率没有明显的性别差异。

我国涉及城镇妇女贫困的定量研究工作也相对缺乏。根据全国妇联中国妇女社会地位调查的数据，2000年中国城镇低收入的女性比例高出男性19.3个百分点，2010年，该比例差增加到19.6个百分点。女性与男性在就业率上的差异也从1990年的13.9%增加到2010年的19.7%。肖萌、丁华、李飞跃利用中国家庭动态追踪抽样调查数据，基于非农人口样本，补充了以个体为单位的收入测量，发现以"家庭"为分析单元时，女户主家庭贫困更强地受到婚姻的影响，这与非农人口中"男高女低"的婚配模式有关；而以"个体"为分析单元时，女性贫困更多受教育、就业情况、性别观念的影响。①

2."贫困女性化"的多维度指标

收入性指标应用于"贫困女性化"的测量存在若干问题：其一，收入的可获取性问题。对于以农业为主要生计来源的农村贫困家庭而言，女性并非获取工资收入，家庭收入难以区分不同成

---

① 肖萌、丁华、李飞跃：《对贫困决定因素的性别比较研究——基于2014年中国家庭追踪调查城乡非农业人口的实证分析》，《妇女研究论丛》2019年第1期。

员的贡献。其二，收入指标模糊了收入本身和对收入的支配权之间的区别，而后者更能反映出贫困问题。其三，拥有收入并不意味着即可获得公平的社会服务和最终收益，如女童辍学率远不是仅受家庭收入的影响。鉴于此，非收入性指标成为研究贫困女性化的重要工具，这些指标囊括了女性群体累积性劣势的重要领域。

国内多维度指标下的妇女贫困研究，大多还处在描述性、一般性讨论阶段，全国或区域性的实证研究匮乏。既有对妇女贫困的研究主要关注作为整体的"农村贫困妇女"，对细分群体的研究较少，如离婚妇女[1]、农村老年妇女[2]、留守妇女、少数民族妇女[3]、流动妇女[4]、移民妇女[5]、受艾滋病影响的妇女。从群体来看，中国贫困女性群体主要涉及：农村失地妇女、城镇下岗失业妇女、城乡流动妇女、未实现再就业的农转居妇女、单亲家庭女户主、工作中的低收入妇女、老年妇女及艾滋病病毒感染、气候变化灾害影响的妇女等边缘弱势群体。[6]

---

[1] 徐静莉：《离婚妇女贫困化的制度探讨》，《妇女研究论丛》2009年第3期。
[2] 崔学华：《农村老年妇女贫困问题的研究——以河南省岗村为例》，郑州大学2005年硕士学位论文。
[3] 刘春湘、刘柱：《少数民族妇女反贫困与非营利组织的作用与优势》，《中央民族大学学报》（哲学社会科学版）2009年第5期。
[4] 张晓颖、冯贺霞、王小林：《流动妇女多维贫困分析——基于北京市451名家政服务从业人员的调查》，《经济评论》2016年第3期。
[5] 刘筱红、陈琼：《公共政策视角下三峡库区农村移民妇女的贫困与反贫困研究——以湖北宜昌农村外迁移民村W村为例》，《湖北行政学院学报》2008年第1期。
[6] 张雪梅、李晶、李小云：《妇女贫困：从农村到城乡，从收入贫困到多维贫困——2000年以来中国"妇女贫困"研究评述与展望》，《妇女研究论丛》2011年第5期。

3. 妇女贫困的成因分析

关于女性更容易陷入贫困的原因，学界和公益领域有许多表述各异但内容大致相同的解释[①]，95 世妇会《行动纲要》将其归纳为：

- 两性在享受经济权利方面的差异
- 僵硬的社会性别角色定位，导致妇女获得权力、教育、培训和生产资源的机会有限
- 没有将性别视角充分纳入所有经济分析和规划的主流
- 没有正视造成贫困的结构性因素
- ……

综上所述，贫困不是"妇女的问题"，恰恰相反，是结构性的原因导致了妇女的贫困。

在家庭层面，家庭中男性和女性的贫困状况是不同的。在传统社会性别结构下，"男主外、女主内"的家庭分工模式、女性对家庭的经济贡献不被认可、无法参与家庭经济决策、缺乏家庭财产所有权和继承权等原因，都使得家庭内部的资源并非平均分配，也不是所有的家庭成员都能平等地从家庭经济收入中获益——在

---

① 参见杜芳琴：《贫困中的妇女发展：社会性别与差异——以〈大山的女儿〉"华北卷"、"西南卷"中妇女口述为例》，《思想战线》2003 年第 5 期；赵群：《将社会性别平等观念纳入农村反贫困政策与实践的主流》，《妇女研究论丛》2005 年第 6 期；王冬梅、罗汝敏：《健康方面的性别不平等与贫困》，《妇女研究论丛》2005 年第 6 期；徐静莉：《离婚妇女贫困化的制度探讨》，《妇女研究论丛》2009 年第 3 期。

贫困家庭中，相比其他家庭成员，缺乏财产掌控权的妇女往往是更加贫困的；在非贫困家庭，妇女也仍有可能面临贫困，尤其是在家庭经济资源总量有限的情况下，承担家庭照顾者角色的她们，往往倾向于牺牲自己的基本需求，优先满足其他家庭成员的发展需求。

在社区层面，现阶段女性参与社区公共事务的管理和决策的数量和质量仍然十分有限，因此在社区公共事务的管理和决策过程中，妇女的声音、利益和需要常常被忽略，结果就是，在各种社区资源、机会和利益分配过程中，女性只能处于边缘地位，例如农村土地集体所有制下，妇女在土地承包经营、集体经济组织收益分配、土地征收或者征用补偿费用使用以及宅基地使用等方面的权益受到侵害的现象时有发生。同时，妇女虽然难以参与公共事务管理和决策，但在社区建设、公共服务供给中仍然贡献了大量无偿劳动，比如参与乡村环境整治、美丽庭院建设等，甚至因此减少了她们参与收入性劳动的机会。

在市场层面，一方面，市场化和商品化的日益加深使得农民生计系统脱离自给自足，而农业收入偏低，日常现金收入无法满足需要，因此大多数农村家庭不得不面对家庭和劳动分离的困境，流动和留守的妇女都面临较高的致贫风险，包括流动就业造成的健康问题、留守的家庭和劳动负担过重、流动生活中的支出过大导致实际福利流失等。[①] 另一方面，由于性别刻板印象、承担生育

[①] 李小云、季岚岚：《妇女的劳动脱贫——基于产业扶贫案例的性别敏感性分析》，《中华女子学院学报》2021 年第 1 期。

和家庭照顾责任等原因，女性在劳动力市场上难以获得公平、稳定的就业和上升机会，就业性别歧视、职业性别隔离、次级就业的现象无处不在。越来越多的妇女，尤其是那些缺乏教育、人际关系网络和信息资本的农村灵活就业妇女、流动妇女只能更多地在非正式的部门工作，劳动报酬较低且缺乏相应的劳动保障。此外，妇女在获得社会资源和服务等方面也存在各种各样的障碍，如就业创业信息、贷款（由于妇女非户主，往往无法以个人身份获得贷款）、就业创业培训（劳动负担较重的农村妇女通常没有时间精力参与集中培训）。劳动力市场的排斥也是造成妇女贫困的重要原因。

在社会政策方面，主要体现在正式制度和非正式制度中的性别歧视，例如土地政策、户籍制度、婚姻制度、就业制度、社会救助制度、扶贫政策等正式社会制度不能为妇女提供行之有效的权利保障。又如，农村村规民约等非正式制度方面的社会性别歧视，导致在土地资源分配中的男女不平等，"嫁出去的女儿泼出去的水"，承包地、宅基地分儿不分女等现象时有发生。此外，妇女的贫困还受到外部环境和负面生命事件的影响，诸如生态环境恶劣、资源匮乏、国际金融危机、政治动荡、宗教与种族矛盾、传染性疾病、早孕早育与堕胎等。

总体来说，由于传统社会性别文化、分工、权利和资源分配结构的影响，妇女在健康、教育、就业、资源占有（土地、住房、信贷等）、参与决策、社会安全、社会网络、社会文化生活等方面都处于劣势地位，这些劣势往往导致妇女丧失相应的权利和资本。

而且，随着她们的生命历程，这些劣势具有累积性和交叉性的特点，使得妇女在贫困面前较男性具有更高的易受损害性，陷入贫困的风险也更大。

4. 关于妇女贫困的国际干预

1995 年，联合国开发计划署的《人类发展报告》提出贫困具有明显的社会性别差异，与男性相比，妇女更易陷入贫困，妇女中的贫困率更高；妇女的贫困程度比男性更加严重且她们更不易摆脱贫困；妇女贫困发生率的增长速度快于男性。

1997 年的《人类发展根除贫困》中，联合国开发计划署再次指出，无论作为目标还是手段，推进社会性别平等应成为所有国家根除人类贫困的战略之一。妇女能够带来新的能量、新的视野和新的组织基础，如果没有纳入社会性别，发展过程将充满挑战；如果减贫战略没有成功地赋权妇女，就不能成功地赋权整个社会。

各国政府在 95 世妇会上通过的《行动纲要》亦明确提出，当今世界有 10 亿多人生活在贫困中，其中大多数是发展中国家的妇女。这一论述进一步肯定了联合国开发计划署对于全球贫困中的社会性别特质的说法。《行动纲要》还提出"应通过让妇女有机会获得资本、资源、信贷、土地、技术、信息、技术援助和培训来提高妇女的生产能力，从而增加妇女的收入，改善营养、教育、保健和妇女在家庭中的地位……赋予贫穷人民特别是妇女权力，以可持续方式利用环境资源的公平的社会发展，是可持续发展的必要基础"。

2000 年 9 月，在联合国千年高峰会议上，各国政府首脑共同拟订了有时限、可测量的目标和指标，这些目标和指标被置于全球发展议程的核心地位，统称"千年发展目标"（MDGs）。千年发展目标制定了 8 个方面的具体目标，包括消除极度贫困与饥饿、促进男女平等并赋予妇女权力等。这 8 个具体目标与消除贫困、推动性别平等有直接的关联。

2015 年 9 月，世界各国领导人在历史性的联合国峰会上通过了"2030 年可持续发展议程"。可持续发展目标以联合国千年发展目标的成功为基础，旨在调动所有力量消除一切形式的贫困，战胜不平等，遏制气候变化，同时确保没有人落后。新目标指出，消除贫困必须与一系列战略齐头并进，包括实现性别平等与环境保护等。

这些在国际层面上有关全球发展、妇女和社会性别的宣言，是各国政府和民间组织落实消除贫困和反对社会性别不平等的重要纲领和行动依据。

二、社会性别视角下的中国精准扶贫政策

（一）政策与成就

1. 2012 年以前中国的扶贫政策与成就

中华人民共和国成立以来，中国的扶贫开发经历了不同的发展阶段：小规模的救济式扶贫（1949—1978 年），农村经济体制改革推动的扶贫开发（1978—1985 年），以贫困县为重点的大规模的开发式扶贫（1986—1994 年），以特殊困难区域为重点的国

家"八七扶贫攻坚计划"（1994—2000年），以建设小康社会为目标的综合性新时期扶贫开发（2001—2010年）。[①] 与此同时，农村社会安全网作为改善民生和降低社会成员贫困风险的综合性政策也在进一步完善和健全，包括农村新型合作医疗制度、大病救助制度、特困户医疗救助制度、五保制度、免费义务教育及教育救助制度以及农村最低生活保障制度等。

此外，也有不少学者对中国扶贫政策在不同时期的重点和阶段性转变进行了归纳。匡远配指出，20世纪80年代以来，扶贫战略由直接救济向地区经济的综合开发转变；由向贫困地区输血向增强"造血功能"转变。[②] 吴国宝认为在治理结构上，扶贫计划和项目的决策经历了从权力高度集中在中央到权力下放到省，再到以贫困县为主进而过渡到以贫困村村民民主决定为主的转变；从完全的政府主导向政府主导、民间组织参与转变，进而向政府主导、民间组织和受益群体共同参与转变。[③] 赵群等认为，这些转变，反映了中国政府反贫困理念的不断深化，从单纯地关注经济增长向综合的扶贫发展和结构调整转化，不仅关注贫困地区的区域经济发展，而且进一步降低贫困人群瞄准的误差，重视贫困人群的参与问题。此外，正视导致贫困的脆弱性因素和试图构建社会保障安全网，都反映了政府在扶贫制度、理念和措施上的不断开放

---

① 赵群、王云仙：《社会性别与中国妇女反贫困——概念、现状及其面临的挑战》，载赵群、王云仙主编：《社会性别与妇女反贫困》，社会科学文献出版社2011年版，第10页。
② 匡远配：《中国扶贫政策和机制的创新研究综述》，《农业经济问题》2005年第8期。
③ 吴国宝：《中国式扶贫的四点宝贵经验》，《人民论坛》2010年第1期。

与创新。①

在解决城市贫困方面，自1993年起，全国所有县市和乡镇逐渐开始实施城镇居民最低生活保障制度，这是城市反贫困政策的核心制度。此外，与之相配套的还有就业政策和逐步包含了医疗、住房等综合性救助内容的社会救助政策，总体救助路径逐渐向增强贫困人群的人力资本、提高其身体状况和增强其抵御贫困风险和摆脱贫困的能力方向发展。②

总体来说，自改革开放以来，以中国政府为主导的减贫工作成效显著，使得中国成为全球首个实现联合国千年发展目标之一——贫困人口减半的国家。中国极端贫困人口从1981年的8.78亿减少到2013年的2511万，累计减少8.53亿，减贫人数占全球同期减贫人数的75.55%，这标志着当时中国累计已有4亿多妇女摆脱了极端贫困，谱写了人类反贫困和促进性别平等的辉煌篇章。③然而这并不代表中国的贫困问题已经完全消除，由于贫困面积大、程度深和一些历史性、制度性原因，贫困地区发展滞后问题并未彻底改变。尤其是农村妇女脱贫面临巨大挑战，2015年，农村贫困妇女总体规模仍高达2400万人④，贫困规模大、人群多样

---

① 赵群、王云仙：《社会性别与中国妇女反贫困——概念、现状及其面临的挑战》，载赵群、王云仙主编：《社会性别与妇女反贫困》，社会科学文献出版社2011年版，第10页。
② 李敏：《城市贫困的政策回应：实践与反思》，《学术交流》2008年第3期。
③ 王小林、高睿：《农村妇女脱贫：目标、挑战与政策选择》，《妇女研究论丛》2016年第6期。
④ 根据《中国农村贫困监测报告（2015）》中2015年农村贫困人口数据估算。

化、贫困多维度①，亟须力度更大、针对性更强、作用更直接、效果更可持续的措施，让全民共享经济社会发展的成果。

2. 中国"精准扶贫"策略与成就

2012年中国共产党第十八次全国代表大会以来，中国农村扶贫开发进入以"精准扶贫"为中心的新阶段。按照2017年党的十九大提出的"两个一百年"奋斗目标，到2020年中国要全面建成小康社会，打赢脱贫攻坚战是全面建成小康社会的基本要求。《中共中央国务院关于打赢脱贫攻坚战的决定》提出："到2020年，稳定实现农村贫困人口不愁吃、不愁穿，义务教育、基本医疗和住房安全有保障。实现贫困地区农民人均可支配收入增长幅度高于全国平均水平，基本公共服务主要领域指标接近全国平均水平。确保我国现行标准下农村贫困人口实现脱贫，贫困县全部摘帽，解决区域性整体贫困。"

为实现这一目标，中央进行了一系列科学、严谨的规划和部署，一是因地制宜综合施策，坚持发展生产脱贫一批，易地搬迁脱贫一批，生态补偿脱贫一批，发展教育脱贫一批，社会保障兜底一批，确保现行标准下农村贫困人口实现脱贫。二是坚持精准扶贫精准脱贫基本方略。在扶贫对象识别、帮扶和管理等各个环节中确保扶持对象精准、项目安排精准、资金使用精准、措施到户精准、因村派人精准、脱贫成效精准，做到项目跟着规划走、资金跟着项目走、项目资金跟着人走，确保扶到最需要扶持的群

---

① 王小林、高睿：《农村妇女脱贫：目标、挑战与政策选择》，《妇女研究论丛》2016年第6期。

众、扶到群众最需要扶持的地方。三是坚持扶贫同扶志扶智相结合，注重培养贫困群众依靠自力更生实现脱贫致富的意识，更加注重提高贫困地区和贫困人口自我发展能力。四是强化保障制度，各级政府不仅在资金投入方面进行了保障，还建立了党政一把手同为第一责任人的责任制度，以及一套从贫困识别到贫困退出的全过程严格考核机制，例如对错评和漏评现象进行问责，建立贫困动态调整机制给予自动纠错机会、引入第三方考核评估机制、对扶贫资金实行民主监督和严格审计，同时完善配套的社会保障、教育政策等，有效地保障了精准扶贫的成果。截至2018年年底，我国现行标准下的农村贫困人口减少85%以上，贫困村退出80%左右，贫困县摘帽50%以上。

在精准扶贫取得一定成效的基础上，2018年9月，中共中央、国务院印发了《乡村振兴战略规划（2018—2022年）》，提出"把打好精准脱贫攻坚战作为实施乡村振兴战略的优先任务，推动脱贫攻坚与乡村振兴有机结合相互促进"。至此，以消除绝对贫困为目的的精准扶贫政策与以实现乡村全面振兴为目的的乡村振兴政策实现了衔接，既巩固提升精准扶贫成果，又推动农村地区以产业兴旺、生态宜居、乡风文明、治理有效、生活富裕为发展目标，旨在补齐"三农"发展短板，促进农村居民整体生活水平的改善与提升。

2020年，中国已经完全消除绝对贫困，扶贫事业取得了举世瞩目的巨大成就。经过8年的奋斗，全国832个贫困县全部脱贫，现行标准下近1亿贫困人口实现脱贫，区域性整体贫困彻底解决，谱写了人类反贫困历史新篇章。下一阶段将是国家和社会聚焦相对贫困、多维贫困的新阶段，如何降低女性群体的贫困发生率、返贫率以及阻断贫困的代际传递，将成为探讨和付诸行动的重要议题。

3. 妇女减贫的中国经验

党的十八大以来，不仅实现脱贫的近1亿贫困人口中妇女约占一半，在脱贫攻坚主战场上，"半边天"力量也得到了充分发挥。

（1）将妇女脱贫纳入党领导的国家总体扶贫战略布局

一是把妇女脱贫发展纳入国家精准扶贫战略。《中共中央　国务院关于打赢脱贫攻坚战的决定》提出了促进妇女脱贫发展的明确任务，包括全面实施贫困地区妇女宫颈癌、乳腺癌免费筛查，健全留守妇女关爱服务体系，加大妇女小额贷款实施力度等措施，体现了根据致贫原因和脱贫需求、对贫困人口实行分类扶持的精准施策导向。同时，《中国农村扶贫开发纲要（2011—2020年）》将妇女儿童列为重点扶贫对象；《中国妇女发展纲要（2011—2020年）》把缓解妇女贫困程度、减少贫困妇女数量放在优先位置，帮助、支持贫困妇女实施扶贫项目，鼓励、支持以妇女为主的扶贫经济实体的发展。

二是制定实施促进妇女发展的国家行动计划。国务院颁布的《中国妇女发展纲要》是为妇女群体量身定制的国家行动计划，聚焦健康、教育、经济、参与决策和管理、社会保障等事关妇女发展的核心领域，提出一系列具体目标和策略措施，形成了从国家到地方的纲要规划编制实施体系、监测评估体系及其相关工作机制，对解决中国妇女脱贫发展中的重点难点问题意义重大。

三是将性别平等原则纳入顶层设计。2018年出台的《关于做好村规民约和居民公约工作的指导意见》，强调村规民约制定要落实男女平等，要求纠正与法律政策规定、性别平等原则相冲突的村规民约；新修改的农村土地承包法亦规定农户内家庭成员依法平等享有承包土地各项权益；2019年《中共中央 国务院关于坚持农业农村优先发展做好"三农"工作的若干意见》首次明确在农村产权制度改革中应保护外嫁女性的合法权利。一系列的政策和措施使得妇女享受到普惠性扶贫资源，也在教育、卫生医疗、财产和土地权益等方面获得更多保障，抗风险能力有所增强。

（2）妇联组织带领，发挥妇女在脱贫攻坚战中的主体作用

在思想引领方面，以"百千万巾帼大宣讲""巾帼脱贫大讲堂"等活动为载体，运用8000多个妇联网站及新媒体平台、90多万个姐妹微信群、70多万个城乡社区"妇女之家"，线上线下持续传递党中央精神、宣传扶贫政策和致富典型，增强贫困妇女脱贫信心。在教育培训方面，配合做好贫困女童控辍保学工作，资助大龄女童接受职业教育，实施农村妇女素质提升计划，累计组织1000多万贫困妇女和妇女骨干参加各类就业创业培训，提升妇女脱贫能力。在扶持特色产业方面，推动建立妇女手工协会和合作社3000多个、"巾帼扶贫车间"1万多家、妇字号基地2万多个，发展巾帼家政、巾帼电商、巾帼乡村旅游等，带动500多万贫困妇女增收脱贫。在做好"家"字文章方面，实施"家家幸福安康工程"，广泛开展寻找"最美家庭"、"美丽庭院"创建、"巾帼家

美积分超市"、好家风巡讲等活动,焕发乡村文明新气象。在关爱帮扶方面,开展"姐妹手拉手·巾帼脱贫快步走"活动,组织妇联执委与单亲贫困母亲、患重病妇女、留守妇女、残疾妇女等开展结对帮扶,针对留守儿童等开展"守护童年"寒暑期牵手共成长行动,把温暖送给贫困妇女儿童。

中国妇女扶贫减贫的巨大成就,为促进全球妇女减贫进程贡献了中国经验,为其他发展中国家妇女贫困问题的解决提供了借鉴。[1]

(二)问题与挑战

虽然中国在消除绝对贫困的实践上取得了巨大成功,但基于下一阶段中国扶贫工作重点向缓解发展不平衡、不充分的多维相对贫困转变的趋势,切实减少和消除女性相对与多维贫困的问题将成为这一阶段的关注重点之一。下面将从贫困测量、社会政策、市场因素、社区和家庭因素等五个维度归纳分析解决妇女贫困所面临的问题与挑战。

1. 贫困测量维度单一且缺乏分性别的统计和监测指标

(1)贫困测量维度单一

贫困是一个集经济、政治、文化、社会、家庭背景、环境等多种因素于一身的复杂结果,但目前我国主要是以家庭人均年纯收入是否达到国家最低线为衡量贫困的标准,忽略了贫困背后的能力、机会、权利等多维度因素,容易造成"短视扶贫"的后

---

[1] 参见杜洁:《将北京世妇会和全球妇女峰会精神融入减贫中国方案》,《中国妇女报》2020年9月22日。

果①，贫困识别的"精准"程度和扶贫效果将大打折扣，最具脆弱性的群体可能会被忽略，而已获得帮扶者也很可能面临反复陷入贫困的境遇。

（2）缺乏分性别的统计和监测指标

在扶贫政策实施过程中，贫困人口的数量统计、贫困群体内部结构细分均未采取分性别指标统计法，导致贫困人口中的差异性个体、群体以及致贫因素均未被精准识别与分析，也将直接影响资源投放的精准程度。②而且，同样的政策对不同群体产生的影响未必相同。缺乏具有性别敏感的统计与监测指标，将会导致扶贫政策和工作在男性和女性群体中的实际效果难以检验，不利于扶贫政策和工作方法的调整与优化。③

2. 缺乏对非"绝对贫困"的脆弱群体的认识和关注

虽然妇女作为扶贫对象和扶贫参与者的身份在扶贫工作中已经得到认可，但是在政策制定和实施过程中，妇女群体内部的差异性和其中一些更加脆弱群体仍然未被完全识别，对这些群体也缺乏相应的关注和倾斜性扶助措施。

例如，近年有学者研究发现：女户主贫困家庭的份额逐年增

---

① 陈丽琴：《农户贫困的性别差异及多维指标建构——基于黎母山镇贫困户调查数据的分析》，《南京师大学报》（社会科学版）2020年第2期。
② 唐娅辉、黄妮：《精准扶贫政策执行中的性别盲点与反思——基于政策执行互适模型的分析》，《湖湘论坛》2018年第3期。
③ 唐娅辉、黄妮：《精准扶贫政策执行中的性别盲点与反思——基于政策执行互适模型的分析》，《湖湘论坛》2018年第3期。

加且主要集中在农村①；与男户主家庭相比，女户主家庭在拥有资产、农业的收入和非农业的收入方面均更低。并且，法理女户主家庭比事实女户主家庭更加脆弱。②但是，"农嫁女"作为户主的家庭类型并未纳入视野。

在一些生态环境脆弱和自然灾害多发的贫困地区，开展了不少以保护生态环境为主要目标的扶贫措施，如退耕还林、禁牧还草和整体搬迁。如果不考虑妇女与她们赖以生存的土地或牧场的关系，不去解决家庭燃料的供给乃至搬迁后的生计问题，项目就难以取得可持续的效果。从某种程度上说，易地搬迁的成本是由需要负责日常家庭生活的妇女在承担。

由于男性大量外出务工，留守妇女需要留在家中料理农活和家务，她们是气候变化和自然灾害（如干旱、洪涝等）的主要应对者，也直接暴露在因气候变化和自然灾害引起的贫困风险中。然而目前的扶贫措施中缺乏直接针对这一群体的适应能力和抗风险能力提升的相应措施，那么当气候变化对农民生计的影响日趋明显或是自然灾害来临，妇女就是最脆弱、最易陷入贫困的一个群体。

此外，由于在教育资源、就业机会、家庭资产占有以及信贷、信息、培训等方面的性别不平等，与男性相比，残疾妇女、失地

---

① 陈银娥、苏志庆、何雅菲：《微型金融对女性减贫的影响：基于金融赋权视角的分析》，《福建论坛》（人文社会科学版）2015年第3期。

② 张颖莉、游士兵：《贫困脆弱性是否更加女性化？——基于CHNS九省区2009年和2011年两轮农村样本数据》，《妇女研究论丛》2018年第4期。

妇女、老年妇女、流动妇女和非正规就业妇女等并非"绝对贫困"的群体具有更高的易受损害性，陷入贫困的风险也更大。若没有足够的关注和综合性的保障措施（例如具有性别敏感的临时救助、医疗和养老保障、劳动权益保护），这些妇女群体的累积性劣势在其遭遇疾病、灾祸、丧失亲属等意外时，也会导致她们有极高风险陷入贫困。

3. 传统婚居与缺乏性别敏感的农村土地制度损害妇女权益

"男娶女嫁""从夫居""冠父姓"等，是中国古代封建社会中形成的一套婚居模式和习俗，它不仅体现在"嫁出去的女儿泼出去的水""上门女婿矮三分""男主女从"的文化观念上，背后附着的是以男性和父系家庭为主体和核心、女性为附属的居住制度、家庭权力、资源关系分配制度、集体成员资格认定标准，以及通过村规民约固定下来的土地、集体经济分配制度。在这样的观念和制度下，"外嫁女""上门女婿"因其"附属"的身份，在所居住家庭和社区无法取得集体经济分配资格。与此同时，现有土地制度本身也缺乏性别敏感，未对这一问题从宏观法律和正式制度方面加以修正，导致许多妇女和"上门女婿"的生存和发展权利持续受到损害。

第一，土地的产权属性缺乏性别敏感。一方面，《物权法》并未明确承包经营权的产权共有属性，关于宅基地的产权属性也存在法律空白；另一方面，现行的土地承包制度是以家庭为单位的，而家庭承包土地是否属于夫妻共同财产，《婚姻法》并没有明确规定，许多地方"土地证"上并没有妇女的名字，这给女性的土地权益保障增加了更多不确定性。法律界定的产权不明确，是导致妇女个体权利模糊从而引发种种"妇女土地权益问题"的根源之一。

第二，土地的产权主体缺乏性别敏感。《土地承包法》中"'农村集体经济组织成员'的承包经营权"和"'农户'是承包经营权的主体"的表述有所不同，存在一定分歧。研究者认为，表述上的不统一在实质上是将作为"农村集体经济组织成员"的妇女的个体权益置于家庭"户"的掩盖之下，妇女的土地权利获取具有强依附性特征。[①]

第三，产权继承缺乏性别敏感。目前，《物权法》对土地承包经营权是否可以继承，并没有明确表述。按照习惯法，父系子承的继承制度得到共识，女儿被排除在继承权之外。有关成文法的研究仍存分歧。例如有研究认为，通过家庭承包方式取得的土地承包经营权不能继承，仅允许承包收益的继承，这样的继承规则带来土地承包经营权主体上的不确定性。[②] 还有研究指出，以承包方式的差异和承包土地用途的不同来界定继承人不同的继续承包的权利，造成了理解和应用的混乱。[③]

第四，集体成员资格缺乏性别敏感。虽然《土地管理法》将农村集体所有土地的管理权赋予了村集体经济组织或者村民委员

---

① 张笑寒：《农村土地家庭承包制度的性别视角反思》，《江西财经大学学报》2013年第2期。

② 袁震：《论"户"的主体构造及相关土地承包经营权益冲突》，《河北法学》2013年第9期。

③ 向东：《农业女性化背景下农村妇女土地权益问题——基于自由发展观下的性别法律分析》，《河北法学》2014年第2期。

会，并规定了集体经济组织成员享有土地承包经营权及其他衍生权利，但没有界定成员资格，也没有制订确认资格的具体规定，认定成员资格的权利交由村民自治。有研究认为，妇女土地问题的症结归因于"成员权"的界定①，或者成员资格的"模糊性"；村民自治制度安排决定了婚姻流动妇女能否获得其主张的土地权利。②

4. 小额贷款、劳动技能培训等项目实施缺乏性别敏感

（1）劳动技能培训缺乏性别敏感

劳动技能培训是扶贫措施的重要组成部分。然而妇女在获得培训资源方面仍然存在一些阻碍，这是在培训设计和实施过程中没有考虑妇女的经验和需求造成的。例如，一些妇女没有时间参与要求离家一周的长时间培训，一些妇女难以理解培训内容，一些妇女参加的培训并不符合自己的实际需要（比如培训涉及的养殖品种不是自己正在养殖的品种），还有一些妇女想参加培训但并不符合组织方要求（例如年龄、文化程度等）。总而言之，各类培训若不考虑妇女的实际需要和情况，在设计和实施过程中不结合妇女的空闲时间和文化程度以及就业可能性，就难以保证培训的参与度和效果，更难以保证培训资源到达真正需要的群体。

此外，一些针对妇女的劳动技能培训更多还是顺应现有的性别刻板印象和分工，例如家政、月嫂、美容美发等，劳动力市场性别隔离和歧视的现象可能被进一步固化，妇女的就业前景仍然

---

① 杨焕兵：《农村妇女土地权益纠纷的影响及其症结分析》，《中共石家庄市委党校学报》2015年第8期。

② 商春荣、张岳恒：《妇女土地产权的界定与保护》，《中州学刊》2011年第1期。

堪忧。

（2）性别和公平视角下小额信贷项目存在问题

各级政府扶贫贴息贷款项目中，有部分是专门以妇女为贷款对象的，这给农村妇女带来了脱贫的资源和机会。然而，由于项目设计和实施过程中缺乏性别和公平敏感，这类项目仍然存在一些问题。

第一，小额信贷项目强调还贷率和风险控制，这使得实际执行过程中能够得到贷款的并不是最贫困的妇女群体，而是被认为已经有创业基础、有还款能力的妇女群体，这不仅使那些最需要支持的妇女失去机会，也使得妇女群体内部分层加剧。此外，各类贷款扶持项目都存在额度小、还款周期短的问题。创业者在生产周期完成前是持续投入的过程，一般到第二年才产生经济效益，但是创业小额贷款往往要求自发放之日起每半年还一次款，这也使得许多缺乏经验因而担心创业失败的妇女不敢申请贷款，减损了这一政策赋权妇女的功能。

第二，除了将贷款用于家庭生产发展，较多妇女也希望将贷款用于孩子上学、农业垫本和家庭日常生活开销等，小额信贷的产品设计如果只强调生产和增收，则很难满足妇女对于贷款的多样化需要[①]，不利于提升家庭和妇女生活水平。

第三，在没有改变家庭内部分工和权力关系的情况下，小额信贷有可能增加妇女的劳动负担和心理压力，更有可能使得妇女

---

① 林志斌、王海民：《论小额信贷运作中的性别分析》，《社会学研究》1999年第1期。

为了还贷减少个人支出,牺牲一部分利益[①],损害妇女生活质量。

5.劳动力市场对女性劳动者存在排斥

在全面两孩政策实施、市场竞争激烈、生育成本单位化的背景下,许多用人单位认为招录女性会增加单位的成本负担。例如缴纳生育保险以及用人单位内部人员无法分担女职工产假、哺乳期间的工作时,另聘人员所增加的经济和其他成本等。为此,用人单位往往利用各种理由不招或少招女性。

与此同时,由于现行法律法规缺乏对平等就业权的具体内容和就业性别歧视的界定,以及劳动监察部门对用人单位就业性别歧视的监管缺位等原因,劳动力市场就业性别歧视屡禁不止,女性劳动者维权亦存在较大困难。

此外,妇女就业的支持性体系也处于缺失状态。市场化的养老、托幼机构价格昂贵且缺乏资质和监管,以社区为单位的公益性和专业服务几乎空白,如果不能建立一套家庭和社会共同分担家庭劳动的支持体系,女性作为生育、养育和家庭照料的主要承担者,被迫退出正规就业领域,她们完全退出劳动力市场或大量进入劳动报酬低、劳动保障不健全的非正规就业领域的风险将大大增高。

如果不能及时采取措施,减少和消除劳动力市场的性别排斥并完善相应的女性就业支持体系,女性通过就业提升抗风险能力的途径将受到阻碍。

---

① 参见赵群:《社会性别与农村妇女贫困》,载赵群、王云仙主编:《社会性别与妇女反贫困》,社会科学文献出版社2011年版,第90—92页。

6. 社区决策中的妇女参与不足

在扶贫项目中,妇女参与决策不足是一个普遍问题。

首先,在各种贫困项目设计和实施的过程中,"要有妇女代表参加"并不是一个硬性规定,因此,妇女无论作为项目的扶助对象还是参与者,都缺乏反映自己需要的平台。就算有一些场合有一定数量的妇女参加,由于传统性别观念影响,她们也仅仅是"出席",如果项目的组织者和实施者没有"倾听妇女意见"的认识并给予妇女特别的关注和发声机会,普通妇女很难在决策过程中发出声音。

其次,农村妇女在农村社区公共事务的管理和决策上,受到了"副"和"妇"的双重制约,在人数和实质性的权力参与方面所发挥的作用十分有限。以云南省为例,根据云南妇女发展规划监测数据,2011—2017年,全省村委会、居委会成员中的女性比例和村委会主任中的女性比例一直低于妇女儿童发展监测指标规定的30%,尤其是村委会成员中的女性比例,仅达到监测指标的一半稍多。而村委会中女性主任的比例也只在9%左右(指标规定为10%)。此外,虽然在许多地区都有"要有一名女性进入'两委'班子"和"村(社区)妇联主席100%进入'两委'班子"的规定,但实际落实起来变成了"'两委'成员只要有一名女性就可以",极少有"两委"中既有专职妇联主席,又有其他女性书记、主任等的例子出现。这样的女性参政现状,与农村妇女在人口中的总数和在现实生活中发挥的重要作用不仅不能匹配,而且相去甚远。

7. 家庭中的妇女贫困现象仍被忽视

国家的扶贫工作是以户为单位开展的，但家庭成员并非社会资本均等和社会资源均质的联合体，家庭内部也存在基于性别的权力关系不平等。事实上，妇女特别是农村妇女由于多种原因在资源获取和社会资本的积累上都处于劣势，因此在以家庭为单位的扶贫政策中往往忽视了不同性别在家庭中资源获取的不平等性和扶贫受益中发展的不平衡性，从而导致女性的扶贫需求和扶贫权益被漠视。

例如，李小云等人对某少数民族村寨的旅游扶贫项目研究指出，虽然该村的妇女通过经营客房为家庭做出了巨大经济贡献，但是通过对家庭支出的分析发现，妇女劳动的直接收入大部分成为改善家庭福利的资源，其中有相当一部分更是被男性所"捕获"。更为重要的是，女性收入的福利效应在流向男性的同时并没有伴随女性福利的改善，相反，是在妇女做出牺牲的基础上发生的。这种瞄准妇女的反贫困路径所产生的减贫效益外溢和性别福利异化显示了通过经济赋权来实现性别平等路径的复杂性，也在某种程度上挑战了通过提高经济地位从而从根本上改变女性地位的众多理论假设。①

若扶贫工作者不能够认识并解决农村社会性别平等的结构性障碍，如"男主外、女主内"的家庭分工模式、女性对家庭的经济贡献不被认可、无法参与家庭经济决策、缺乏家庭财产所有权

---

① 参见李小云、陈邦炼、宋海燕、董强：《"妇女贫困"路径的减贫溢出与赋权异化——一个少数民族妇女扶贫实践的发展学观察》，《妇女研究论丛》2019 年第 2 期。

和继承权等家庭内外性别不平等的权力关系,则扶贫政策给予家庭的资源和妇女创收的福利效益可能并不能为妇女所支配和享受,也并不能改善妇女作为个体的贫困处境。

8. 妇女参与扶贫过程中劳动负担加重和性别刻板印象的固化

多年的减贫经验证明,妇女是减贫工作不可或缺的贡献者而不仅是受救助者,因此更多地发挥妇女的参与作用也是现阶段扶贫工作的重要策略。然而妇女在参与过程中劳动负担加重和性别刻板印象固化的问题值得警惕。

例如,由政府、企业和村庄共同参与建设的"扶贫车间"往往以劳动密集型产业为主,对妇女在生产、再生产、社区工作中的三重角色进行整合,为留守妇女就地就业提供了机会,但若缺乏平衡妇女三重角色的计划和对非正规就业妇女劳动权益保障的计划,则可能带来妇女劳动负担加重但劳动价值被边缘化甚至遭受劳动剥削等问题。

又如,一些基层政府常组织妇女以志愿者身份助力乡村环境美化和贫困户帮扶,但给她们安排的具体工作则是打扫家庭卫生、公共卫生和给单身贫困户做家务等,妇女若仅以这样的角色参与到扶贫工作中,则等于她们的家庭角色被进一步延伸到了社区,不仅进一步固化性别分工,还加重了其劳动负担,也不利于社区性别平等文化的塑造。

此外,在一些以发展旅游为扶贫策略的少数民族地区,少数民族女性化与女性商品化相互配合,头戴精美饰品、载歌载舞、身穿民族服装的女性成了当地旅游的一种"卖点",这种营销方式也许在短期内可以提升当地居民包括妇女群体的收入，但从长远来看，并不利于社会性别平等的实现。①

9. 民间组织参与程度不足

民间组织在反贫困工作中注重重新界定贫困的概念，由仅关注经济匮乏的问题到关注易损性与脆弱性与能力匮乏的问题，拓展了扶贫领域，从单纯的经济扶贫延伸到发展型扶贫，而且还将社会性别平等纳入反贫困，强调从社会性别视角分析贫困现象，极大地丰富了反贫困的实践内容。②然而纵观近 10 年来的中国反贫困实践，在政府的主导下，民间组织参与的空间还有待进一步拓宽。国际政治形势、民间组织发展制度环境的变化和其自身的原因都影响了民间组织在扶贫实践中的参与程度和作用发挥。

三、社会性别视角下的中国民间反贫困实践

（一）良好实践

案例 1　云南省西双版纳州勐腊县河边村新型扶贫模式③

"小云助贫"是由中国农业大学教授李小云主导的公益扶贫项目，它以河边村小组作为脱贫研究试点，从方式上提倡"参与式

---

① 参见陈丽琴：《旅游精准扶贫中的性别问题识别与性别平等对策》，《中华女子学院学报》2017 年第 6 期。
② 参见杨晖、谢雨锋、李巾：《中国 NGO 社会性别与反贫困实践》，载赵群、王云仙主编：《社会性别与妇女反贫困》，社会科学文献出版社 2011 年版，第 309—329 页。
③ 何茜茜、马亚姗、汪涛：《河边村新型扶贫模式的探索与实践》，《西双版纳报》2017 年 6 月 23 日。

助贫",不主张大包大揽式的扶贫,而是通过长期的参与式综合施策,培育出村民自我管理、自我经营、自我发展的脱贫能力。

"小云助贫"进驻河边村小组后,为了摸清河边村小组的整体贫困状况,用了半年的时间开展贫困调查,深入了解其贫困的程度和贫困的根源。在深入调查的基础上,"小云助贫"拿出了完善的脱贫帮扶计划,以最终让村民收入超常规增长和可持续增长、生活和环境得到根本性改善、全面实现"两不愁三保障"为核心目标,在复合型产业、提高农户经营能力、基础设施建设改造、人居环境建设和改善社区治理等五个方面综合施策。

为保持瑶族村寨的浓郁特色,"小云助贫"在政府扶贫的大框架下整合资金,提供技术和智力支持,以众筹及公益基金募捐等方式为每户瑶族新房筹集资金,引导居民建盖民居房时,保留一间既有干栏式建筑风格又能提供高端商务服务的客房,建成一间"瑶族妈妈的客房",为发展"嵌入式"会议经济和休闲旅游打下基础。围绕着客居和会议功能的开发,村里的妇女逐渐成为新产业的主要力量。"瑶族妈妈的客房"和"瑶族妈妈的厨房"成为该村收入的主要来源。2017—2018年,全村来自客房和厨房的新增收入达到了80万元以上,户均增收高达1.3万元以上。瑶族妈妈在扶贫项目的支持下成为家庭收入的重要贡献者。[1]

"小云助贫"始终将村民的能力建设贯穿于帮扶工作的方方面面。为了让村民转变观念,河边村小组先后成立了"河边村小

---

[1] 李小云、陈邦炼、宋海燕、董强:《"妇女贫困"路径的减贫溢出与赋权异化——一个少数民族妇女扶贫实践的发展学观察》,《妇女研究论丛》2019年第2期。

组发展工作队"和"河边青年创业小组"两支骨干队伍,以互助的形式带动和帮助村民发展生产、创业脱贫。河边村小组广受欢迎的天然雨林鸡蛋就是由"河边村小组发展工作队"开发出来的。这充分激发了困难群众脱贫奔小康的内生动力,变"要我脱贫"为"我要脱贫"。

案例2 马山古寨,妇女走出的种子之路

古寨村上古拉屯有300多人,其中三分之一为瑶族,三分之二为壮族。上古拉屯地处喀斯特地貌区,灌溉用水紧张,暴雨经常引发山洪,历史上交通运输不便。世居于此的农户在巴掌大的地里种玉米,保留着传统的玉米老品种,有专家认为糯玉米的发源地就在这个地区。这里在自然资源限制和农民适应选择的共同作用下孕育出独特的产食习俗,也形成了一套可持续的农耕系统。

2000年,古寨村加入了广西参与式育种项目。初始,妇女小组领头人陆荣艳以唱山歌、跳打榔舞等文艺方式来动员村民。2001—2011年的十年间,邀请了中国科学院、中国农业大学、广西玉米研究所以及加拿大、美国、菲律宾、古巴、尼泊尔、印度等国的32位农业专家到古寨村讲学授课,还在古寨街道举办了"农民自选作物品种交流会",使乡亲们加深对科学种养的认识,将原本只有9个老人参与的育种工作扩展至63人,其中妇女为主要参与者。经过农户、农村社区、科学家们的共同努力,古寨村种植的品种逐渐摆脱了单一化,实现了12个玉米地方品种与许多当地蔬菜老品种的保育,恢复了可持续农耕系统下的种子多样化。自2006年起,古寨村开始进行玉米"桂糯2006"的种子生产并与其他项目社区分享其生产成果。

2012年3月9日，陆荣艳带领27名留守老人及妇女一起建立了马山荣艳生态种养专业合作社，是广西马山县首家集种植、养殖为一体的专业合作社。合作社员多为45—60岁的古寨妇女。古寨村也开始进行生态循环农业的尝试（玉米→土猪→有机蔬菜→沼气池），并成为广西本土社区支持农业（CSA）模式的供货方，种植蔬菜不使用农药、化肥、除草剂，养殖土猪土鸡土鸭不使用含添加剂的饲料，将健康生态的农产品供给城市消费者，体现对植物、动物、生产者和消费者的友善态度。

2014年下半年起，古寨村开始建立以本地市场为主的多元市场渠道。在此过程中，佛手瓜苗扩大种植成为合作社市场转型的节点。新的可适应品种，易于掌握的技术与良好的市场需求，成就了佛手瓜苗这样一个大爆单品。合作社带头人陆荣艳带着农户们尝到市场甜头后，继续引导老品种保护意识，上古拉社区种子库也从2014年起逐渐成形。

2018年，由陆荣艳带头发起，中国科学院农业政策研究中心、农民种子网络与广西农科院玉米所提供技术支持，香港乐施会提供筹建资金，上古拉社区种子库正式建成。最开始时，种子库有3名妇女管理员，2020年增至6名。种子库里存有63个品种（包括玉米7种、豆类9种、瓜类10种、蔬菜25种、中草药12种），其中有37个本地传统品种（包括玉米3种、豆类5种、瓜类7种、蔬菜17种、中草药5种）。每个品种入库时，管理员登记提供人的姓名、性别与年龄。种子被装在透明的玻璃瓶里，看到有虫才会更新种子,也借此评定该品种的抗虫能力。为了延长保存时间,有时将石灰粉与八角香放入瓶中除湿驱虫。

在合作社成员收菜的过程中,关于种子库的消息就像水波一样,一圈圈地传播开来。库藏品种可以免费提供给村民,使用时进行登记,到了收获时节,翻倍返还。至2020年,有89位村民使用种子库,其中青壮年21人,其余都是50岁以上的妇女。

建成以来,上古拉种子库始终配合着社区种子田一起进行野菜驯化与玉米杂交试验。合作社未来将继续开发本地特色商业化备选品种,如玉米品种"墨黄墨白杂",以及从石山上引回一点红、枸杞菜、决明菜和麻叶等野菜品种进行驯化。

为了进一步增强由妇女主导的社区合作社的复合经营与管理能力,2019年起,古寨村开始探索一个新模式——农民种子企业。通过开展以社区为本的制种和种子生产,与育种家共同探索农民制种的生产、登记和销售模式,期望达到缩小农民种子系统和市场差距的目的。

依托村级集体经济的资金注入、社区合作社以及以本地市场为主的多元市场渠道,一个由妇女主导的农民种子企业已具雏形,未来将继续探索与完善多样化优质作物种子的生产、加工、储存、质量控制、包装和销售,拓宽小农获取多样化、高品质以及适应当地条件的种子的渠道,促进绿色农业转型和建立多样化粮食系统。

案例3 云南楚雄外普拉村可持续扶贫项目

云南楚雄永仁县外普拉村2014年起共识别建档立卡户126户

390 人，到 2019 年年底已脱贫 124 户 386 人，贫困发生率由 2014 年的 29.9% 降至 0.3%。外普拉村因集中保存着较为完整的民居、街巷和彝绣等非物质文化遗产，山水田园格局优美，具有独特的历史文化价值和景观环境，2014 年被列入第三批全国传统村落名录。

2016 年，外普拉村又迎来另一机遇——被确定为联合国可持续发展目标在中国的首个示范村，该项目总投入 42 万美元，主要实施了民宿改造、村民素质能力培训、生态景观节点建设、村庄环境提升、非遗文化传承保护、外普拉村乡村建设项目规划等多个项目。这些项目的一大亮点是以妇女生计发展为目标，注重妇女素质能力提升。通过让妇女参与村庄发展、脱贫攻坚等事项的讨论与决策，加强妇女能力建设；成立艺术团和旅游专业合作社等，使妇女团结起来，顶起该村发展的"半边天"。2018 年至 2020 年，外普拉村组织妇女骨干 60 余人参加生态旅游、妇女与环境保护、妇女与权益、妇女与家庭教育、彝族妇女的刺绣、种养殖等培训；先后 5 次组织妇女骨干 30 余名到北京、上海、西双版纳等地参观学习妇女创业、社区建设发展的模式，增强妇女脱贫致富信心。

针对基础设施建设滞后、生产生活条件较差的客观现实，外普拉村通过整合联合国可持续发展目标示范村、扶贫、传统村落保护、美丽乡村建设等资金资源，大力实施水利、交通、危房改造、电力、文化旅游等建设项目，不断改造提升村容村貌，带动乡村旅游业发展。到 2020 年，外普拉村已经投入 1500 万元进行乡村旅游开发，2018年至2020年间，外普拉村民宿客栈已接待来自南非等国外籍游客8批次，外普拉乡村旅游也直接或间接带动群众户均增收500元以上。同时，外普拉村根据旅游脱贫的规划发展起了芒果、板栗、蔬菜等特色种植，还成立了民间艺术队、彝族刺绣协会，恢复并发扬了火把节、摸鱼节等节庆活动。通过开展彝族刺绣、民宿保护与开发，30名妇女在收入上直接获益。

（二）案例评述

以上案例中的情境虽然各不相同，但作为解决妇女贫困问题的良好实践，有着共同的特点和经验。

一是构建多元支持网络，最大程度发挥扶贫资源效应。在古寨村，有中国科学院农业政策研究中心、中国农业大学、农民种子网络与广西农科院玉米所等高校和科研机构、香港乐施会的资金和技术支持；在外普拉村，有政府扶贫、传统村落保护、美丽乡村建设项目资金以及联合国开发计划署和民间乡建团队的资金和技术支持；在河边村，亦有政府扶贫、公益众筹和专家学者的共同帮助。"政府+多元社会力量"的合作模式为精准扶贫行动注入了强大的资源和活力，正是发挥了政府的制度和组织优势以及社会力量在资金、技术、市场、管理等方面的优势，才能产生"1+1＞2"的效应，有效提高了精准扶贫的质量和水平。

二是以妇女参与为支点，巧妙撬动贫困问题。以上案例中，一系列培训活动的开展和妇女小组的建立，极大地激发了妇女群体的能动性和凝聚力；而根据妇女群体的生活、劳动特点设计的老品种农产品种植、销售和乡村旅游项目，一定程度上减轻了因妇女劳动、生活空间相分离的制约性因素对妇女脱贫的影响，使妇女加入经济创收活动，摆脱被动受助者的身份，成为消除贫困的积极行动者。

然而，以上实践也存在一些共同的问题和挑战。

一是民间组织发展存在障碍。外部环境方面，一些规模较小的或本地的民间组织未达到有关社会组织的官方认定条件，使发展资源受到影响。加之我国全民慈善观念尚未形成，民间组织获得的社会认可有限，很难从社会层面获取充足资源[1]，生存和发展面临一定困难。内部环境方面，国内民间组织，特别是草根组织自身的发展也存在一些问题，在组织架构和组织制度、组织自身建设等方面都还处于初级阶段，动员本土资源的能力不足。[2] 而专业人才资源缺乏、流动性快也是本土草根组织的组织能力长期欠发达的重要原因。此外，由于生存困境、缺乏专业性和价值理念等原因，还有一些组织已经偏离了公益性的初心，项目实施专业程度不够，项目完成的质量堪忧，对民间组织的公信力造成了影响。

因此，虽然民间组织为中国扶贫事业贡献了重要力量，但外部发展环境的变化和内部存在的问题制约着这些组织发展壮大，使其难以发挥更大作用。

---

[1] 高飞：《精准扶贫与民间组织转型：基于政治—过程的二维分析》，《中南民族大学学报》（人文社会科学版）2017 年第 5 期。

[2] 高飞：《精准扶贫与民间组织转型：基于政治—过程的二维分析》，《中南民族大学学报》（人文社会科学版）2017 年第 5 期。

二是项目可持续性欠佳。无论是哪种形式的扶贫项目,周期通常较短,而贫困问题具有复杂性,所用理想策略应是多管齐下,而这一过程中,激发受助者的主观能动性和改变造成贫困的结构性问题尤为重要,较短的时间内要达到这些目标不仅十分困难,长效的效果也难以凸显。此外,在有的项目(例如外普拉村项目)中,虽然短时间内在各方资金注入的情况下,当地的硬件设施能够得到极大改善,初期的项目经营也给群众带来了一定收益,然而如果项目到期,外部支持大幅度减少或停止,将直接导致项目成效缺乏连续性和可持续性,贫困问题可能出现反弹。

三是妇女能动性发挥仍有提升空间。虽然许多民间组织在扶贫实践中十分强调参与,不仅仅将参与性看作工作手法,更视之为一种价值原则,倡导在原有社区运行机制内重新建立贫困群体、妇女群体及少数民族群体等公平参与发展和分享发展成果的思想意识与规则[①],但由于前文提到的传统社会观念、角色以及基层农村妇女参政程度不足的影响,妇女广泛而主动地参与到扶贫项目中仍然存在许多困难:一些项目为了完成指标,仅简单地将几名妇女代表出席或是妇女们沉默地"在场"当成妇女的参与,而没有在促进妇女的实质参与方面做出更多努力,仍然把妇女当作被动的受益者;还有一些项目工作人员能够意识到妇女参与的重要性,但由于缺乏社会性别敏感以及自身组织、协作的能力不足,动员妇女的效果往往不佳。

---

① 江波、杨晖:《贫困山区农村社会性别关系调查与分析》,《社会性别与发展在中国:回顾与展望会议论文》2002 年第 6 期。

另外，前文提到的项目可持续性也是阻碍妇女能动性在项目中充分发挥的原因之一。一些妇女骨干往往在项目实施过程中能够暂时地受到感召和鼓励，积极参与到扶贫项目中去，但是项目周期较短，她们在观念及行为上的变化以及对家庭、社区的文化环境产生的影响并未得到巩固，一旦失去外部支持，面对各种固有的阻力，可能无法持续地发挥其主观能动性，带来长期的改变。

四是性别平等的结构性障碍仍然存在。随着中国扶贫事业取得巨大成功，社区、家庭和个体生活水平的提高十分显著，妇女也在其中。但大多数实践在现阶段没有做到有意识地调整原有的社会性别结构，传统性别关系的改变十分有限，这将直接影响扶贫事业成果的稳固性和可持续性。首先，如前文所提到，如果相关的项目只关注妇女的增收却不关注家庭劳动分工和权力关系的调整，则妇女的劳动负担将会增加，且所创造的收益和福利很可能流向男性家庭成员，并不能使妇女的生活水平得到改善。其次，如果村（社区）集体经济组织立法、村（居）民自治、土地所有权等制度没有得到相应改善，妇女的基本权益无法得到保障，亦无途径发声和参与决策，则她们的易受损害性将会不断累积、加剧，严重危害生存和发展。最后，如果家庭、社区中的传统社会性别文化无法逐步改变，那么妇女在家庭、社区中的传统角色还会不断固化，其在扶贫工作中的参与和贡献仍会持续被边缘化或被忽略，无法得到公正的评价，难以获得应有的发展资源和机会，累积性劣势会被进一步强化。

四、对策与建议

解决好妇女贫困问题,最关键的是将性别平等落到实处,增强政府、民间组织和全社会的性别平等观念和意识,加强对社会性别平等对于解决相对贫困重要性的认识,加强对相关部门性别分析能力的培训和专业支持。

(一)建立分性别统计制度和贫困监测指标以及评估制度

其一,采用多维相对贫困标准。2020年以后,中国进入缓解相对贫困阶段,采用多维相对贫困标准,既要包括反映"贫"的经济维度(收入、就业),也要包括反映"困"的社会发展维度(教育、健康、社会保障、信息获取等),还要包括生态环境(人居环境、绿色经济)相关指标。

其二,将性别统计作为国家统计制度和社会发展常规统计的重要内容。收集关于贫穷和经济活动各方面按性别和年龄分列的数据,并建构质量和数量统计指标,以便从性别观点评价经济绩效。

其三,建立性别统计缺口数据专项调查制度与途径。充分利用整合已有全国性调查,生成分性别统计数据,在已开展的全国范围抽样调查中纳入以个体为基本单元的调查统计,以补充家庭为基本单元而无法区分性别的数据空白。

其四,以数据展示妇女贡献。制定适当的统计方法,以承认并全面展现妇女的工作及其对国民经济的所有贡献,包括她们在无酬家务劳动和社区志愿服务方面的贡献,并审查妇女的无酬工作与她们贫穷的发生率和易陷于贫穷之间的关系。

其五，加强性别统计研究。强化统计人员与性别研究人员的合作，在理论选择和深入研究的基础上，确定新的概念和方法，建立全新的以性别分析为基础的指标框架并对已有指标逐一进行性别灵敏度的审视和改造，并基于分性别统计数据，进行扶贫政策评估。

（二）将社会性别敏感纳入扶贫与民生制度设计和实施

其一，完善顶层设计，落实对政策和法律出台的性别评估审查制度。针对立法和司法主体，建议完善相关立法和有关政策的制定，将社会性别意识纳入立法，将保障妇女土地权利的条款具体化；畅通农村妇女土地承包权益司法救济的途径和多元化方法。针对政府主体，建议建立乡镇政府对村委会的民主监督机制和权力约束机制，建立村规民约的审查机制，发挥乡镇政府的审核与纠错职责；建立失地妇女的社会保障机制或通过预留机动土地、储备金等方式进行事前或事后干预；鼓励地方政府出台政策以保障妇女土地权利。

其二，在扶贫政策设计阶段，强调妇女的全过程参与。在政策设计阶段，与贫困妇女一起识别她们的需求，确保她们的需求、经验与知识被纳入考量。比如，由妇女小组对当前存在的多个问题进行优先级排序，这些问题包括经济收入来源少、妇女劳动负担过重、安全饮水问题、子女教育资源匮乏，缺少养殖技术培训等。这些问题中有的是贫困妇女的现实性性别需求，即妇女在已有的社会角色下所产生的实际需求,如妇女劳动负担过重、安全饮水问题等;也有的是她们的战略性性别需求,是由于她们的从属地位而形成的需求类型,如缺乏土地流转经营中的决策权、缺少养殖技术培训等。结合这两类需求来决定不同的扶贫策略,在具体内容中标明产出和活动是针对男性的、针对女性的或者两者都涉及的,设计客观可验证的分性别监测指标。

其三,在政策实施过程中考虑妇女的经验和需求。活动时间、内容和地点应根据妇女的空闲时间和受教育程度做出调整,并考虑就近举办以确保妇女参与;利用新媒体技术,基于本地知识和经验开发在线培训平台,制作学习短视频等;鼓励妇女有效参与各类农民组织,考虑为女性成员设定配额,或要求实行携带配偶的会员制和参与制;为妇女组织提供特定支持或单独的培训。

其四,为基层扶贫干部提供性别敏感培训并积极推进实施具有性别敏感的策略。可以借助联合国粮农组织(FAO)、国际劳工组织(ILO)、世界银行(WB)开发的社会经济和性别分析工具包(SEAGA)等,将性别敏感的扶贫策略逐步纳入"五个一批"工程中。

(三)加强部门协调,促进资源合理配置

其一,合理配置针对妇女群体的资源投入。增加对妇女扶贫资助的预算和项目,加强部门之间协作,促进资源合理配置,为贫困妇女搭建在地就业、创业平台,促进她们实现在地就业、创业,从而改善生存和发展状况。

其二，发达地区与欠发达地区政府在扩大和加强经济合作时，注重发挥包括各级妇联、妇女社会组织等在内的各类妇女组织在妇女反贫困中的优势，通过妇女组织（尤其是全国妇联和地方各级妇联）进一步加强部门协调，促进资源合理配置，凝聚、提升、发展妇女的反贫困能力，发挥其主体性作用。

其三，重视家庭中的妇女贫困现象。注重对脆弱群体和基层干部进行社会性别意识提升的培训，防止妇女劳动收入被男性直接"捕获"、妇女多重劳动负担和心理负担加重、生活质量受损等情况发生。

（四）关注脆弱群体

强调对更加弱势的脆弱妇女群体的关注，针对其多种因素交织致贫的风险，着重构建脆弱妇女群体多重保障措施与社会支持网。

其一，保障妇女土地权益。建议加快农村集体经济组织立法或出台相关司法解释，明确规定不得简单以妇女婚嫁为由剥夺妇女集体经济组织成员权利，保障农村妇女平等享有各项土地权利，平等享有集体经济组织成员权益。进一步畅通妇女土地权益保护渠道，发挥土地承包经营权仲裁调解组织的作用，妥善处理涉及农村妇女土地维权的信访事项。加强行政执法职能，加强司法审判权威性，坚决纠正违反男女平等基本国策的村规民约、村民自治决议等，保障妇女合法权益。

其二，出台倾斜性政策。针对单亲家庭女户主，除经济贫困外，更多关注心理贫困问题；针对流动妇女，更多关注社会资本贫困和文化贫困；针对老年妇女更多关注健康贫困、亲情贫困；针对工作中的低收入妇女，健全公共就业服务体系，支持她们参与社会劳动，保障她们享有国家规定的各项失业补贴、低收入补贴；针对农村留守妇女，鼓励切实提高留守妇女经济收入，注重对她们的培养，鼓励在乡村地区兴办环境友好型企业，为农村妇女提供更多的就业岗位；针对受气候变化灾害、脆弱生态环境等影响的贫困妇女，尤其要将妇女与她们赖以生存的土地或牧场的关系纳入政策考虑，解决个体和家庭灾后、搬迁后的生计问题，提升她们的适应能力和抗风险能力。

（五）重视民间组织参与

一些民间组织的妇女能力建设项目目前仍停留在项目干预的层面，良好实践经验尚未被纳入政策主流。鼓励发展民间组织，使其能够在妇女反贫困领域发挥积极作用。

其一，加大政府购买服务力度。鼓励以政府购买服务等方式，在扶贫领域引进专业的妇女组织或一般民间组织，促进社会性别意识主流化。利用民间组织的专业优势，加强对社会性别纳入扶贫政策的意识带动和能力培养，增进不同主体间的协作合作，提高妇女反贫困干预的水平。

其二，激活在地的民间组织资源。在精准扶贫过程中，贫困村已经成立了不少关爱留守妇女、留守儿童的民间组织，比如妇女维权站、妇女儿童活动之家等，但多数组织没有发挥应有作用，缺少推动组织建设与发展的有效运行机制。建议在现有的扶贫保障体系中将在地民间组织的服务纳入已有的教育扶贫、卫生扶贫、文化扶贫和科技扶贫措施中。

其三，培育内生于村庄或社区的正式或非正式妇女组织。鼓励引导村庄或社区内的女大学生、女经济能人、女教师或女医生等有知识有能力的妇女联合成立妇女组织或小组，利用她们的知识信息优势、资源优势等，带头示范、志愿服务、组织动员，为妇女参与反贫困干预提供更合适的渠道和组织平台。

第二章　妇女与教育

张冉　詹婧

教育作为每个公民的基本权利,承担着获取知识、培养能力、促进发展的诸多效能。妇女教育权利的实现,不仅是人权保障的基本需求,更是促使妇女进一步发展、保障妇女其他权益的前提条件。《2003年人类发展报告》中写道:"教育中的性别平等不仅是性别自身的目标,同时也是实现其他目标的核心。"[①]教育作为基础,全方位影响妇女的发展。妇女受教育程度将影响其后的职业发展水平,教育能使妇女掌握生存技能、获取职业知识,积极参与现代化社会的激烈竞争,实现个人的经济独立,进一步谋求性别平等;接受教育,妇女将有机会从思想层面获得解放,从禁锢女性的传统价值观与性别刻板印象中解脱出来,获得自信、自尊、自强的信念,积极争取妇女权益和性别平等。

在国际社会中,一系列国际性公约和条约为妇女教育权利提供保障,联合国妇女大会以具体的纲领性文件、从多个层面谋求妇女权益;在我国,从中华人民共和国成立伊始,"妇女能顶半边

---

① 联合国开发计划署:《2003年人类发展报告》,中国财政经济出版社2003年版,第1—2页。

天"的口号中就包含男女性别平等的意识,1995年以来,更是将"男女平等"作为一项基本国策,习近平总书记在讲话中也一再强调,将妇女权益保障上升为国家意志。

一、宏观态势与政策愿景

在国际人权公约视野下,妇女受教育权益是基本人权之一。20世纪以来,联合国大会通过的《消除对妇女一切形式歧视公约》(1979年,以下简称《消歧公约》),确立国际社会对妇女权益保障的共识性原则,督促各国政府提高妇女地位、保障妇女权益;世界妇女大会的组织与召开,一方面评估世界妇女地位变化的情况,一方面制定相关指导性战略,确定后续行动和发展方向。联合国近年来的千年发展目标和可持续发展目标中,都将教育权利列为妇女自我赋权的重要途径。

中华人民共和国成立以来,男女平等思想深入人心。其后更作为基本国策逐步确立,拥有法律地位,并上升为国家意志。95世妇会在北京的召开,也进一步推动了中国妇女事业发展的进程。全方位践行"男女平等"的教育法规政策的制定,不仅为性别平等提供了坚实的法律保障,更为保证妇女事实上能行使法律所赋予的权利做出了努力。

(一)国际公约对妇女教育权利的重视

妇女权益是人权保障中重要的一环,国际社会的一系列公约为促进妇女人权的实现做出了制度保障。《消歧公约》第三部分第10条明确规定了妇女的教育权利："缔约各国应采取一切适当措施以消除对妇女的歧视，并保证妇女在教育方面享有与男子平等的权利。"公约从八个方面详细梳理了妇女教育权利的范畴，包括学习机会、文凭取得上消除城乡差距的性别平等；课程、考试、师资标准等软性条件和校舍、设备质量等硬性条件上两性相同；在教学内容、教学方法中注意消除性别刻板印象、促进性别平等；获得奖学金和补助金的机会与男性相同；成人教育机会相同，进一步完成妇女扫盲；降低女性辍学率；参加体育运动机会相同；提供接受特殊教育性辅导的机会。另外，该公约在序言中强调，"养育子女是男女和整个社会的共同责任"。父亲在家庭教育中同样承担不可推卸的责任。

第三次世界妇女大会通过的《提高妇女地位内罗毕前瞻性战略》（简称《内罗毕战略》），将教育作为建议首先强调的三大领域之一，将妇女教育权益的促进和改善与时代主题"平等、发展、和平"融合，明确教育对妇女的重大意义："教育是充分促进和改善妇女地位的基础，应使她们掌握这一工具以便她们充分发挥作为社会成员的职责。"

联合国于2000年通过为期15年的千年发展目标，《联合国千年宣言》中于"平等"一节申明"必须保障男女享有平等的权利和机会"，并且将"促进性别平等和赋予妇女权能，以此作为战胜贫穷、饥饿和疾病及刺激真正可持续发展的有效途径"作为发展目标之一。2015年，千年发展目标计划收官的同时，为期15年的 17 项新的可持续发展目标议定并通过，争取在 2030 年前，"确保包容、公平的优质教育，促进全民享有终身学习机会"（Quality Education）[1]，"实现性别平等，为所有妇女、女童赋权"（Gender Equality）[2]。

（二）95 世妇会《行动纲要》的目标回顾

1995 年，第四次世界妇女代表大会在北京召开。一方面，为筹备世妇会，中国政府发布的《中国妇女的状况》白皮书和《中国妇女发展纲要（1995—2000 年）》让国际社会对中国的妇女发展情况有了更为清晰的认知；另一方面，世妇会在北京的召开，也进一步提高政府对妇女发展的重视程度，推动中国政府促进妇女发展的实践。大会通过了《北京宣言》及全面细化执行的《行动纲要》。

《北京宣言》第 27 条提出："通过向女孩和妇女提供基本教育、终身教育、识字和培训及初级保健，促进以人为中心的可持续发展，包括持续的经济增长。"明确将妇女教育与可持续发展、经济增长相结合，强调妇女在经济社会中的重要地位，以及妇女教育在可持续发展中的基础性作用。

《行动纲要》为目标的执行提供了切实的指导，妇女教育位列 12 个妇女发展重点关注领域之一，将教育定性为"实现平等、发展与和平目标的一个重要工具"，指出妇女教育的有益与有效：

---

[1] 联合国可持续发展目标第 4 项。
[2] 联合国可持续发展目标第 5 项。

"非歧视性教育使女孩和男孩都受益，因而终将使妇女与男子的关系更平等。……妇女识字是改善家庭内保健、营养和教育以及使妇女有权力参加社会决策的重要关键。投资于女孩和妇女的正规和非正规教育和培训，其社会效益和经济效益特别高，已证明是实现可持续发展及持续的（sustained）也是可持续的（sustainable）增长的最佳手段之一。"

在《行动纲要》的"战略目标和行动"中，围绕"妇女教育和培训"这一主题，制定了6个战略目标：确保平等接受教育的机会，消除妇女文盲现象，扩大妇女接受职业培训、科技教育和进修教育的机会，发展非歧视性教育和培训，为教育改革拨出足够的资源并监测改革的实施，促进女孩和妇女的终身教育和培训。《行动纲要》也根据6个战略目标细化了应采取的具体行动。

（三）中国国策对妇女权益的强调

中华人民共和国成立以来，中国政府一直重视妇女权益的保障，并在改革开放之后，逐步将其上升到基本国策的高度。1982年《中华人民共和国宪法》第四十八条规定："中华人民共和国妇女在政治的、经济的、文化的、社会的和家庭的生活等各方面享有同男子平等的权利。"1992年《中华人民共和国妇女权益保障法》第二条规定："妇女在政治的、经济的、文化的、社会的和家庭的生活等方面享有与男子平等的权利。国家保护妇女依法享有的特殊权益，逐步完善对妇女的社会保障制度。禁止歧视、虐待、残害妇女。"

"男女平等"作为一项基本国策,在95世妇会上由时任国家主席江泽民首次提出①;2005年修正的《中华人民共和国妇女权益保障法》将"男女平等"上升为我国基本国策②,党的十八大报告首次写入"坚持男女平等基本国策,保障妇女儿童合法权益"③;十九大报告再次写入并且强调:"完善社会救助、社会福利、慈善事业、优抚安置等制度,健全农村留守儿童和妇女、老年人关爱服务体系。"④

2014年中国共产党《关于全面推进依法治国若干重大问题的决定》中明确提出要完善妇女合法权益保护的法律法规。2015年习近平主席在全球妇女峰会上的讲话明确提出"把保障妇女权益系统纳入法律法规,上升为国家意志,内化为社会行为规范"⑤。2016年国务院"十三五"计划中明确提出:"进一步加强对贫困

---

① 在联合国第四次世界妇女大会欢迎仪式上,江泽民同志指出:"中国政府一向认为,实现男女平等是衡量社会文明的重要尺度。我们十分重视妇女发展与进步,把男女平等作为促进我国社会发展的一项基本国策。我们坚决反对歧视妇女的现象,切实维护和保障妇女在国家政治、经济和社会生活中的平等地位和各项权益。"人民网:《男女平等作为基本国策几大时间节点》,2013-03-14,[2024-09-27],http://theory.people.com.cn/n/2013/0314/c40531-20789934.html。

② 《中华人民共和国妇女权益保障法(2005修正)》第二条规定:"实行男女平等是国家的基本国策,国家采取必要措施,逐步完善保障妇女权益的各项制度,消除对妇女一切形式的歧视。"

③ 中国人大网:《胡锦涛在中国共产党第十八次全国代表大会上的报告》,2012-11-19,[2024-09-27],http://www.npc.gov.cn/zgrdw/npc/bmzz/llyjh/2012-11/19/content_1992274.htm。

④ 中国政府网:《习近平:决胜全面建成小康社会 夺取新时代中国特色社会主义伟大胜利——在中国共产党第十九次全国代表大会上的报告》,2017-10-27,[2024-09-27],https://www.gov.cn/zhuanti/2017-10/27/content_5234876.htm。

⑤ 中国共产党新闻网:《习近平在全球妇女峰会上的讲话(全文)》,2015-09-28,[2024-09-27],http://cpc.people.com.cn/n/2015/0928/c64094-27640721.html。

地区留守妇女技能培训和居家灵活就业创业的扶持，切实维护留守妇女权益。"①2019年10月，中国共产党第十九届中央委员会第四次全体会议通过《中共中央关于坚持和完善中国特色社会主义制度　推进国家治理体系和治理能力现代化若干重大问题的决定》，明确提出"坚持和完善促进男女平等、妇女全面发展的制度机制"②。2020年10月，习近平主席在联合国大会纪念北京世界妇女大会25周年高级别会议上再次强调："男女平等是中国的基本国策""让性别平等落到实处""保障妇女权益必须上升为国家意志"。③

（四）教育法律重申男女具有平等的受教育权

自95世妇会25年以来，我国在教育法律法规层面努力践行男女平等的基本国策，保障妇女的教育权利。1991年通过、2020年第二次修订的《中华人民共和国未成年人保护法》第三条规定："未成年人依法平等地享有各项权利，不因本人及其父母或者其他监护人的民族、种族、性别、户籍、职业、宗教信仰、教育程度、家庭状况、身心健康状况等受到歧视。"1995年颁布、2021年修

---

① 中国政府网：《国务院关于印发"十三五"脱贫攻坚规划的通知》，2016-12-02，[2024-09-27]，https://www.gov.cn/zhengce/zhengceku/2016-12/02/content_5142197.htm。
② 中国政府网：《中共中央关于坚持和完善中国特色社会主义制度　推进国家治理体系和治理能力现代化若干重大问题的决定》，2019-11-05，[2024-09-27]，https://www.gov.cn/zhengce/2019-11/05/content_5449023.htm?ivk_sa=1024320u&wd=&eqid=d1e81fd100040876000000000364981877。
③ 中国政府网：《习近平在联合国大会纪念北京世界妇女大会25周年高级别会议上的讲话（全文）》，2020-10-01，[2024-09-27]，https://www.gov.cn/xinwen/2020-10/01/content_5548949.htm。

订的《教育法》第九条规定："中华人民共和国公民有受教育的权利和义务。公民不分民族、种族、性别、职业、财产状况、宗教信仰等，依法享有平等的受教育机会"；第三十七条规定："受教育者在入学、升学、就业等方面依法享有平等权利。学校和有关行政部门应当按照国家有关规定，保障女子在入学、升学、就业、授予学位、派出留学等方面享有同男子平等的权利"。2022年修订的《职业教育法》第十条规定：国家保障妇女平等接受职业教育的权利。2006年修订的《义务教育法》第四条规定："凡具有中华人民共和国国籍的适龄儿童、少年，不分性别、民族、种族、家庭财产状况、宗教信仰等，依法享有平等接受义务教育的权利，并履行接受义务教育的义务。"2020年修订的《未成年人保护法》明确指出：未成年人享有生存权、发展权、受保护权、参与权等权利，国家根据未成年人身心发展特点给予特殊、优先保护，保障未成年人的合法权益不受侵犯。未成年人享有受教育权，国家、社会、学校和家庭尊重和保障未成年人的受教育权。未成年人不分性别、民族、种族、家庭财产状况、宗教信仰等，依法平等地享有权利。

（五）《中国妇女发展纲要》确保教育领域中妇女权益落地

95世妇会对中国的妇女发展影响重大。为迎接世妇会的召开，中国政府发布的《中国妇女的状况》白皮书和《中国妇女发展纲要（1995—2000年）》，将法律法规中明确规定的妇女权益落到实处，为妇女的全面发展制订了切实的行动规划，确立了妇女工作发展的目标，增强了妇女工作开展的力度。

2005年修正的《中华人民共和国妇女权益保障法》第三条规定："国务院制定中国妇女发展纲要，并将其纳入国民经济和社会发展规划。县级以上地方各级人民政府根据中国妇女发展纲要，制定本行政区域的妇女发展规划，并将其纳入国民经济和社会发展计划。"将《中国妇女发展纲要》这一宏观规划性文件的制定纳入法律保障范畴，进一步确立了常规化发展妇女工作的决心。

在落实妇女教育的工作中，《中国妇女发展纲要（1995—2000年）》提出：大力发展妇女教育，提高妇女的科学文化水平。《中国妇女发展纲要（2001—2010年）》将"妇女与教育"纳入六个优先发展领域。《中国妇女发展纲要（2011—2020年）》在"妇女与教育"板块提出十个主要目标：1.教育工作全面贯彻性别平等原则；2.学前三年毛入园率达到70%，女童平等接受学前教育；3.九年义务教育巩固率达到95%，女童平等接受九年义务教育，消除女童辍学现象；4.高中阶段教育毛入学率达到90%，女性平等接受高中阶段教育；5.高等教育毛入学率达到40%，女性平等接受高等教育，高等学校在校生中男女比例保持均衡；6.高等学校女性学课程普及程度提高；7.提高女性接受职业学校教育和职业培训的比例；8.主要劳动年龄人口中女性平均受教育年限达到11.2年；9.女性青壮年文盲率控制在2%以下；10.性别平等原则和理念在各级各类教育课程标准及教学过程中得到充分体现。

二、妇女教育取得的成效与进展

妇女教育在整体上取得了较大进步，世界经济论坛于 2020 年初发布的《2020 年全球性别差距报告》显示，中国在教育成就上得分为 0.973[①]，扫盲率、初等教育入学率、中等教育入学率以及高等教育入学率都超出世界平均水平，高等教育入学率甚至在性别平等评估上达到了满分[②]。本部分将分阶段、分类型梳理中国在妇女教育上取得的成效和进展。

（一）"幼有所育"的学前教育

学前教育不仅在个体层面上是教育的开端，而且在国民教育体系中占据重要位置，也是不可忽视的社会公益事业。我国学前教育面临的性别问题，就主体而言，一是保障女童的健康成长，破除原先"幼儿教育小学化"、精英化、城市化的诸多倾向，将视角放宽到更加广阔的农村留守女童、城市流动人口女童以及残障女童的教育与保护；二是解放身为母亲的女性，尽可能地让母亲能够在育儿以外拥有自己的时间完成个人价值的实现。

2019 年 9 月，国务院办公室发布的《平等 发展 共享：新中国 70 年妇女事业的发展与进步》白皮书中梳理了 1949 年以来女

---

① 得分含义：0.00 = 不平等（imparity）；1.00 = 平等（parity）。
② World Economic Forum（世界经济论坛），*Global Gender Gap Report 2020*, 2019-12-16, [2024-09-27], https://www.weforum.org/reports/gender-gap-2020-report-100-years-pay-equality.

童学前教育情况，女童平等接受学前教育取得成效。中华人民共和国成立初期，在机关单位、工矿企业、街道、公社建立幼儿园。1992年国务院颁布实施《九十年代中国儿童发展规划纲要》，提出3—6岁幼儿入园率达到35%。从2011年开始，中国连续实施三期学前教育三年行动计划，解决入园难问题。《中国妇女发展纲要（2011—2020年）》提出，学前教育毛入学率达到70%，女童平等接受学前教育。2018年，中共中央、国务院印发《关于学前教育深化改革规范发展的若干意见》，要求推进学前教育普及普惠安全优质发展。

2018年国家统计局公布的《中国妇女发展纲要（2011—2020年）》统计监测报告显示，我国女童接受学前教育的比重稳步提高。2018年，全国学前教育（包括幼儿园和附设幼儿班）在园幼儿4656.4万人，其中女童2176.7万人，分别比上年增加56.3万人和27.6万人，比2010年增加1679.7万人和824.1万人；学前教育女童所占比重为46.7%，比2010年提高1.3个百分点。学前教育毛入园率快速上升，由2010年的56.6%提高到2018年的81.7%，提高25.1个百分点。[①]

针对处于尤其不利地位的残疾女童，党中央和国务院也在法规政策上给予了支持。2015年修订、2016年施行的《幼儿园工作规程》中明确规定："幼儿园对烈士子女、家中无人照顾的残疾人子女、孤儿、家庭经济困难幼儿、具有接受普通教育能力的残疾

---

① 国家统计局：《2018年〈中国妇女发展纲要（2011—2020年）〉统计监测报告》，2019-12-06，[2024-09-27]，https://www.stats.gov.cn/sj/zxfb/202302/t20230203_1900549.html。

儿童等入园，按照国家和地方的有关规定予以照顾。"2017年开始施行的《残疾人教育条例》第三十一条明确规定："各级人民政府应当积极采取措施，逐步提高残疾幼儿接受学前教育的比例。"

在多项政策持续性推进中，学前教育入园女童比例从1997年的46.6%上升到2019年的46.94%，在出生男女比例结构背景下，几乎达到男女比相同的入园率。学前教育发展的城乡差距也明显缩小，《国务院关于学前教育事业改革和发展情况的报告》的数据发现，"从2010年到2018年，农村地区幼儿园总数增加了61.6%，在园规模增加了26.6%，城市地区分别增加了56.4%和54.6%。在新增资源总量中，农村幼儿园占69.8%、在园幼儿占49.2%，农村学前教育资源得到较快增长"[①]。城镇小区配套建设幼儿园以及就近入学的政策，也进一步为幼儿母亲的劳动力解放和个人发展提供可能。

（二）奠基工程的基础教育

1. 义务教育基本实现男女平等参与

中国高度重视保障女童平等参与义务教育。一方面，中国政府在义务教育方面的大量财政投入为女童接受义务教育提供先决条件；另一方面，民间专项助学项目，如"春蕾计划""希望工

---

① 陈宝生：《国务院关于学前教育事业改革和发展情况的报告——2019年8月22日在第十三届全国人民代表大会常务委员会第十二次会议上》，中国人大网，2019-08-22，[2024-09-27]，http://www.npc.gov.cn/npc/c30834/201908/1c9ebb56d55e43cab6e5ba08d0c3b28c.shtml。

程",都为农村贫困女童增加了入学机会。在义务教育阶段,性别差异已基本消除。自2000年开始,我国小学学龄儿童净入学率持续在99%以上,到了2005年前后,我国小学学龄儿童净入学率已经没有明显的性别差异。2018年,女童和男童的净入学率均无限接近100%[①],表明中国在小学教育阶段已基本实现数字上的性别平等。

2. 各层级学校女教师比例的变化

从95世妇会发展至今,我国女性的经济地位和政治地位都有了明显的改善,各个教育层级的教师队伍中女性的比例都在大幅度攀升,并且在2018年后,各个教育层级的女教师占比都达到了一半以上。女教师在各层级学校中占据一定数量,从学生的角度而言,同性别的女性老师更容易与女性学生建立亲近的关系,另一方面也为学生树立了角色榜样。

教育部公布的统计数据显示(见图2-1),从2003年至2019年,各层级女教师的比例均有不同幅度的增长,但随着教育层级升高,女教师占比降低。学前教育阶段专职教师中女教师占比一直在97%以上;普通小学的女教师占比从2003年的53.56%上升到2019年的70.02%;普通初中的女教师占比从2003年的45.29%上升到2019年的57.80%;普通高中的女教师占比从2003年的40.22%上升到2019年的54.73%;在普通高等学校中,女性专任教师的比例在2018年超过了半数。

---

① 国家统计局社会科技和文化产业统计司:《中国社会中的女人和男人——事实和数据(2019)》,2020年。

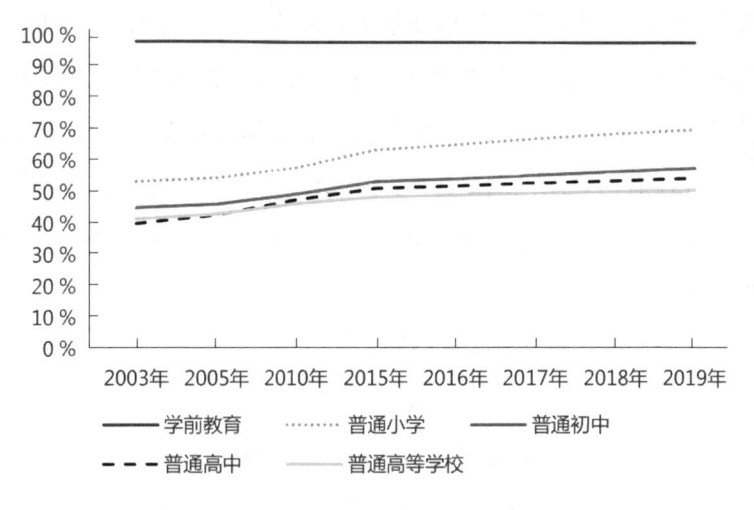

图 2-1 2003—2019 年各层级女性专任教师占比变化

数据来源：教育部 2003—2019 年发布的教育统计数据。

同时值得注意的是，教育层级愈低，教师队伍的女性化比例愈高。基础教育阶段女教师高度密集，并不是简单的教师队伍性别比例失衡，而是"父权社会性别意识形态在劳动力部门的移植与复制，学校场域中'教师/母亲''学校/家庭'话语实践的规范，同时也是教师个体在'嵌入性秩序'中对职业选择结构性认同的结果"[①]。这种"女多男少"的现象时常被视为"男孩优柔寡断""女孩成绩更好"的"罪魁祸首"，一方面低估女性教师的专业素质，另一方面也将二元对立的社会性别内化到了教师职业之中。实际上在女性教师的增长数据之下，还存在着一定的"性别

---

① 高晓文、于伟：《基础教育领域中的"职业性别隔离"现象分析》，《基础教育》2018 年第 15 期。

垂直隔离"①，有调查显示，男性教师的职业发展空间优于女性教师，校长层级、特级教师的男性比例远高于女性②。

3. 儿童保护理念的具体化落实

我国《宪法》将儿童与老人、妇女一并单独提出，作为社会弱势群体中的一部分，需要特殊保护。《义务教育法》《中华人民共和国未成年人保护法》《预防未成年人犯罪法》三部法律都从社会、学校、家庭、司法等多方面，对儿童权利保护的义务主体和法律责任进行了全面规定。在儿童保护的严峻现实问题倒逼下，为增强儿童保护的可操作性和具体化落实保护理念，一系列细化法规出台。

2013年最高人民法院发布的《关于依法惩治性侵害未成年人犯罪的意见》的司法解释和2015年教育部发布的《关于加强家庭教育工作的指导意见》都进一步细化了儿童保护的理念。2015年11月1日起施行的《刑法修正案（九）》第19条新增"虐待被监护、被看护人罪"，这一条款体现了对弱势人群的保护意识。2017年上海携程幼儿园和北京红黄蓝幼儿园发生的虐童事件均依据此法判决。

地方政府积极响应中央政策，保障儿童保护理念的细化与落实。2016年5月，在国务院发布《关于加强农村留守儿童关爱保

---

① 敖俊梅、林玲：《中小学教师性别结构"女性化"的现状、成因与对策》，《民族教育研究》2020年第31期。
② 敖俊梅、林玲：《中小学教师性别结构"女性化"的现状、成因与对策》，《民族教育研究》2020年第31期。

护工作的意见》后,《浙江省检察机关加强农村留守儿童司法保护七项措施》下发,针对侵害农村留守儿童权益的各种犯罪、农村留守儿童的诉讼权利保护、司法救助等工作,都做了具体的要求。6月,浙江省慈溪市检察院牵头法院、公安等部门出台了《性侵害未成年人犯罪人员信息公开实施办法》,被视为中国版的"梅根法案"。在慈溪之后,浙江省检察院出台《关于加强性侵未成年人犯罪惩防工作的意见》,加快推进性侵未成年人犯罪人员信息公开制度。2017年12月,江苏省淮安市淮阴区人民法院对4名强奸、猥亵未成年人的被告人进行了宣判,并根据当地区的相关规定,在判决生效一个月后公开被告人的个人信息,并禁止其从事与未成年人密切接触的职业。2019年,上海在经过闵行区试点后,出台《关于建立涉性侵害违法犯罪人员从业限制制度的意见》,扩大就业审查范围,在教师、医生、教练、保育员等直接对未成年人负有特殊职责的工作人员之外,纳入了保安、门卫、驾驶员等职业。

在国家层面,2018年修订的《中小学教师违反职业道德行为处理办法》关于"应予处理的教师违反职业道德行为"的规定将原先的"对学生实施性骚扰或者与学生发生不正当关系的"[1]修改为"与学生发生不正当关系,有任何形式的猥亵、性骚扰行为"[2],进一步规范了教师职业行为,保障未成年人学生的合法权

---

[1] 教育部:《教育部关于印发〈中小学教师违反职业道德行为处理办法〉的通知》(教师〔2014〕1号),2014-01-14,[2024-09-27],http://www.moe.gov.cn/srcsite/A10/s7002/201401/t20140114_163197.html?eqid=d10cf9420002a2c30000000364474d43。

[2] 教育部:《教育部关于印发〈中小学教师违反职业道德行为处理办法(2018年修订)〉的通知》(教师〔2018〕18号),2018-11-08,[2024-09-27],https://www.gov.cn/gongbao/content/2019/content_5368623.htm。

益。2018年3月,《中国法治发展报告No.16(2018)》发布了首个儿童权利保护第三方评估指标体系,以《中国儿童发展纲要(2011—2020年)》为基础,综合评估分析儿童保护状况。在2019年的全国两会上,最高人民检察院检察长在工作报告中提出"一号检察建议",这是在认真分析办理的性侵未成年人犯罪案件后,针对校园安全、教职员工队伍管理以及儿童法治教育问题提出的切实建议;5月,最高人民检察院召开主题为"充分发挥未检职能推动加强和创新未成年人保护社会治理"新闻发布会,推进"一号检察建议"在各地落实。

2019年年末,全国妇联发布《关于建立预防性侵未成年人、维护女童人身权益工作机制的通知》,强调建立和完善多部门联防联动机制,加大法制宣传教育力度,开展形式多样的防性侵教育。2020年8月20日,最高人民检察院、教育部、公安部联合发布《关于建立教职员工准入查询性侵违法犯罪信息制度的意见》,对学校新招录的教职员工进行性侵违法犯罪信息的查询。

4. 针对"校园欺凌"政策法规出台

针对国内各地频发的校园暴力恶性事件(如中关村二小事件),2016年我国政府相继出台了《关于开展校园欺凌专项治理的通知》和《关于防治中小学生欺凌和暴力的指导意见》,首次在国家政策层面确定了"校园欺凌"这一概念,要求各地针对校园欺凌现象进行专项治理。2017年年末,教育部联合十一个部门印发《加强中小学生欺凌综合治理方案》,明确了学生欺凌的界定——"中小学生欺凌是发生在校园(包括中小学校和中等职业学校)内外、学生之间，一方（个体或群体）单次或多次蓄意或恶意通过肢体、语言及网络等手段实施欺负、侮辱，造成另一方（个体或群体）身体伤害、财产损失或精神损害等的事件"，便于各地各校在实际工作中区分学生欺凌与嬉戏打闹，为实际工作中校园欺凌的处理提供了举措和方法。2018年，教育部基础教育司组织编写了《防治中小学生欺凌和暴力指导手册》，旨在为教师和家长处理校园欺凌事件提供具体指导。手册纳入"性欺凌"的内容，指出要正确认识同学间的差异，包括"男生具有女性化特征"。

全国各地纷纷出台地方性法规，针对校园欺凌进行防范，上海、山东、天津、广东、北京等地均就校园欺凌问题制订治理方案、设立专项工作小组等，不仅从法律角度严肃监督，也从文化角度谨慎预防。

（三）普及化进程中的高等教育

1. 女性数量的增长与性别比例的逆转

2010年以来，中国高等教育快速发展，整体已进入世界中上水平。高等教育毛入学率由2010年的26.5%快速提高到2018年的48.1%，女性接受高等教育水平也得到提高，自2015年起就已提前实现"达到40%"的《中国妇女发展纲要（2011—2020年）》目标。2018年，高等教育在校生中普通本专科女生1487.4万人，占52.5%，与2010年相比提高1.6个百分点；成人本专科女生350.9万人，占59.4%，提高6.2个百分点；女研究生人数为135.6万人，占全部研究生的49.6%，与2010年相比提高1.8个百分点。①2009年，全国大学普通本专科在校女生人数第一次超过男生，之后的2013—2019年，我国女性高等教育受教育人数持续增长，女性接受本专科教育的比例已经超过"半壁江山"（见表2-1）。

表2-1　2013—2019年全国大学普通本专科在校女生人数及比例

年份	女生人数（万人）	总人数（万人）	所占比例（%）
2013	1276.92	2468.07	51.74
2014	1327.75	2547.70	52.12
2015	1376.19	2625.30	52.42
2016	1416.10	2695.84	52.53
2017	1446.85	2753.59	52.54
2018	1487.39	2831.03	52.54
2019	1567.91	3031.53	51.72

数据来源：教育部网站2013—2019年教育统计数据。

值得关注的是，女性在研究生教育中的比例也增长较快，在硕士研究生阶段已经小幅超过男生。从2013年到2019年，全国研究生在校女生人数呈逐年增长趋势，并在2016年和2019年占比超过男生，2019年女研究生的比例较2013年增长了1.59个百分点（见表2-2）。分层次具体来看，除2017年外，女硕士生的比例已经超过男硕士生；女博士生的比例增长尤其迅速，在博士生总数中的比例由2013年的36.90%增加到2019年的41.32%，增

---

① 国家统计局：《2018年〈中国妇女发展纲要（2011—2020年）〉统计监测报告》，2019-12-06，[2024-09-27]，https://www.stats.gov.cn/sj/zxfb/202302/t20230203_1900549.html。

长了4.42个百分点（见表2-3）。综上所述，近年来，在高等教育阶段，性别差异逆转间或出现，但随着教育层次的升高，女性比例逐渐降低。

表2-2 2013—2019年全国研究生在校女生人数及比例

年份	女生人数（万人）	总人数（万人）	所占比例（%）
2013	87.85	179.40	48.97
2014	90.83	184.77	49.16
2015	95.02	191.14	49.71
2016	100.31	198.11	50.64
2017	127.81	263.96	48.42
2018	135.57	273.13	49.64
2019	144.79	286.37	50.56

数据来源：教育部网站2013—2019年教育统计数据。

表2-3 2013—2019年全国大学普通本专科在校女生、女硕士、女博士比例

年份	普通本专科在校女生（%）	女硕士（%）	女博士（%）
2013	51.74	51.38	36.90
2014	52.12	51.65	36.93
2015	52.42	52.15	37.85
2016	52.53	53.14	38.63
2017	52.54	49.88	39.27
2018	52.54	51.18	40.37
2019	51.72	52.17	41.32

数据来源：教育部网站2013—2019年教育统计数据。

女性数量的上升和性别比例的逆转背后有多重解读的空间。高校扩招、高等教育的普及化以及性别平等意识的逐步深化都是有效的推手，但也有其他因素提醒我们进步背后可能存在的阴翳。一方面，就业市场存在的职业性别隔离传递到高等教育中，形成专业选择里的性别隔离现象，狭窄的职业发展空间迫使更多女性选择深造；另一方面，时代性的独生子女政策带来的影响不可小觑，刘云杉等针对1978—2005年北京大学本科招生数据的研究中，将北京大学新生男女人数比例均衡的事实描述为"有限的进步"，认为其背后是90年代中期高校扩招与独生子女政策带来的城市女生获益与农村男生受损。[①]那么，在已经取消独生子女政策的今天，女性受高等教育的机会也许会受到新的挑战。

2. 女性在STEM领域的表现

近年来高等教育中不断增加的女性硕士研究生和博士研究生，为女性科技人力资源提供了大量人才储备。2020年中国科协发布的《中国科技人力资源发展研究报告（2018）——科技人力资源的总量、结构和科研人员流动》显示，2016—2017年研究生层次新增科技人力资源中，女性占比超过一半，女性科技人力资源比例将进一步提升。[②]

科学研究证明，女性并非天然不适合学习STEM[③]领域的学

---

① 刘云杉、王志明：《女性进入精英群体：有限的进步》，《高等教育研究》2008年第2期。

② 新华网：《我国科技人力资源总量稳居世界第一 女性比例将进一步提升》，2020-08-12，[2024-09-27]，http://jx.people.com.cn/n2/2020/0812/c186330-34222692.html。

③ STEM是科学（Science）、技术（Technology）、工程（Engineering）、数学（Mathematics）四门学科英文首字母的缩写。

科、进入 STEM 领域工作。2015 年屠呦呦凭借青蒿素的发现成为首获科学类诺贝尔奖的中国人；2018 年靳敏、胡寿平的研究发现，工科专业女生学习努力程度更高，投入更多，学习成绩也更好；[①] 2019 年加拿大统计局发布的研究报告[②]也佐证了女性在 STEM 领域富有竞争性的学习能力。

中国政府也从政策层面为 STEM 领域女性自我赋能提供支持。2015 年，中组部和人力资源社会保障部联合下发《关于机关事业单位县处级女干部和具有高级职称的女性专业技术人员退休年龄问题的通知》中，将具有高级职称的女性专业技术人员的退休年龄上调至 60 周岁，与男性齐平。中国基金委也在政策上支持女性在学术界做出努力，从原先仅强调男女参与机会的平等，逐渐发展为关注男女科研结果的平等，并且做出具体的倾斜性支持政策，包括关怀女性生育需求的结题时间延长、放宽女性科研人员申请科学基金项目年龄上限、增加专家评审组中女性的数量以及在项目评审中采取"同等条件下女性优先"原则[③]。相关政策成效斐然，申请和获批的女性数量都得到了大幅度提升，赵延东等人的报告数据显示，2009 年到 2015 年间，在政策出台的 2011 年，青年基金女性申请者激增，数量增长了 94%，女性获批者占比从 33% 上升至 43%。[④]

---

① 靳敏、胡寿平：《工科专业本科生学习性投入的性别差异分析》，《复旦教育论坛》2018 年第 16 期。
② 叶丹楠：《STEM 专业中女性更快获得学位》，《中国教育报》2019 年 5 月 17 日。
③ 赵延东、马缨、廖苗：《国家自然科学基金支持女性科学家成长发展的政策及其效果》，《中国科学基金》2016 年第 30 期。
④ Ying Ma, Yandong Zhao, Xu Gong, Li Sun &Yonghe Zheng, Close the Gender Gap in Chinese Science, *Nature*, 557, pp.25-27.

民间组织也为女童进入 STEM 领域学习提供支持。国际计划开展的女童 STEM 教育项目，面向乡村偏远地区的女童，利用先进的教育技术，"激发女童学习科学技术的潜力、兴趣和信心"[①]。

3. 高校相关学科与课程的积极探索

高校女性学者对推动高校女性学学科和课程的建设做出了积极的探索，将社会性别的概念、性与性别的区分、身体话语、父权制等思想带入国内学术领域，在课程建设和学术研究中注重性别视角，推动性别平等。

在专业设置上，2001 年中华女子学院成立女性学系；2006 年，女性学被批准设立为北京大学社会学一级学科下的一个二级学科，2007 年起，北京大学开始女性学专业的硕士招生，为女性学人才的系统培养提供了学科制度的保障，自 1998 年到 2020 年，北京大学社会学系共计招收女性学方向和女性学硕士学位研究生 68 名。

在科研机构上，北京大学、中国农业大学、中央民族大学、天津师范大学、厦门大学、武汉大学、东北师范大学、南京师范大学、中国传媒大学等院校都设立了女性/性别研究与培训基地和女性/性别研究中心[②]，在专业教学和学术科研上拥有丰富的资源，能有效推进性别研究和性别平等意识教育。中华女子学院、山东女子学院、湖南女子学院等专门培养女性人才的院校，也在提升女性社会竞争力、提高女性自我意识方面做出了突出的努力。

[①] 澎湃新闻：《国际女童日 | 我的声音，我们平等的未来》，2020-10-11，[2024-09-28]，https://www.thepaper.cn/newsDetail_forward_9517810。
[②] 《首都高校性别平等教育与女性学学科建设现状》，《中国妇女报》2014 年 11 月 18 日。

同时，许多跨学科专业与课程的产生进一步丰富了女性/性别研究的内涵。如法学与性别学交叉研究的"性别与法律"课程[①]，不仅作为女性学下属专业课程，且作为选修课程在高校内推行，有利于学生性别平等意识和法律保护意识的增强。

（四）齐头并进的职业教育

1. 女性参与职业教育和技能培训的比例提高、规模扩大

党的十八大以来，中国对职业教育发展的重视不断提升。2019年国家颁布《国家职业教育改革实施方案》和《高职扩招专项工作实施方案》，一方面扩大职业教育规模，另一方面提高职业教育质量。习近平总书记在审议《国家职业教育改革实施方案》时提出："把职业教育摆在教育改革创新和经济社会发展中更加突出的位置"，"职业教育与普通教育是两种不同教育类型，具有同等重要地位"。

根据2019年9月国务院新闻办公室发布的《平等　发展　共享：新中国70年妇女事业的发展与进步》白皮书中的统计，2017年，全国成人本专科在校女生占在校生总数的58.8%，比1988年提高27.3个百分点；网络本专科在校女生占在校生总数的47.3%。[②] 此外，妇女还广泛参与各级各类非学历继续教育。

2014年，接受中等职业教育的女性规模达到805万，普通中

[①] 屈振辉、颜龙：《女性学专业"性别与法律"课程教学探索》，《特立学刊》2016年第4期。

[②] 中国政府网：《平等　发展　共享：新中国70年妇女事业的发展与进步》，2019-09-19，[2024-09-27]，https://www.gov.cn/zhengce/2019-09/19/content_5431327.htm。

专在校女生达到 397 万，分别占总数的 44.7% 和 53.0%；全国接受各种非学历高等和中等教育的女性规模分别达到 346 万和 2000 多万。2018 年，接受中等职业教育的女性规模达 657.1 万人，占总数的 42.3%；接受成人本专科和网络本专科教育的女性规模分别达 350.8 万人和 383.7 万人，占总数的比例分别为 59.4% 和 46.5%（见表 2-4）。

表 2-4　2018 年职业教育各类学校在校女生人数及比例

类型	人数（万人）	女生人数（万人）	所占比例（%）
中等职业教育	1555.3	657.1	42.3
全国成人本专科	591.0	350.8	59.4
网络本专科	825.7	383.7	46.5

数据来源：教育部 2018 年数据。

2. 职业培训助力女性多种形式就业

全国各地妇联积极开展针对女性的职业培训，职业培训学校、女性职业培训中心、短期职业培训班等纷纷建立，帮助就业市场上较为弱势的农村女性和下岗女工掌握就业技能、提高职业素养、拓宽就业渠道。

国家开展的"新型农民科技培训工程""国家高技能人才振兴计划"和针对农民工职业技能提升的"春潮行动""阳光工程"等多个项目，力求满足不同女性群体职业发展的需要。2013 年，女性参加政府培训机构举办的职工技能培训人数占培训总人数的

43.0%。①可以说，客观上职业培训资源的丰富与主观上女性对自我职业的积极探索共同带来了我国继续教育领域女性数量的攀升。

（五）残疾人特殊教育

1. 全纳教育的推进

在国家层面上，相继发布了一系列政策文件，全力推进特殊教育的发展。《国家人权行动计划（2012—2015年）》把残疾人的受教育权保障作为一大行动目标，并提出了对残疾学生的国家助学政策、扩建特殊学校和推动随班就读等举措。2014年，国务院的《特殊教育提升计划（2014—2016年）》在"随班就读"政策的基础上，从国家宏观层面进一步强化"全纳教育"的概念，要求"全面推进全纳教育，使每一个残疾孩子都能接受合适的教育"。2016年，教育部发布《普通高校特殊教育资源教室建设指南》，要求高校加强相应的硬件设施建设。2017年修订的《残疾人教育条例》再次强调"融合教育"的理念："残疾人教育应该提高教育质量，积极推进融合教育，根据残疾人的残疾类别和接受能力，采取普通教育方式或特殊教育方式，优先采取普遍教育方式。"2017年制订的《第二期特殊教育提升计划（2017—2019年）》规定："随班就读、特教班和送教上门的义务教育阶段生均公用经费标准按特教学校执行。"这为特殊教育的发展提供稳固的财政支持。2020年6月，教育部出台《关于加强残疾儿童少年义

---

① 中国政府网：《中国性别平等与妇女发展》，2015-09-22，[2024-09-27]，https://www.gov.cn/xinwen/2015-09/22/content_2936716.htm。

务教育阶段随班就读工作的指导意见》，细化落实方案，努力实现学校对残疾儿童零拒绝的目标。

2. 残疾人高等教育的拓展

由于国家政策对全纳教育的推行，残疾人参加高考人数增加。2015年教育部出台了《残疾人参加普通高等学校招生全国统一考试管理规定（暂行）》，更多残疾学生可以在合理便利条件下参加高考，在融合氛围的普通高校接受教育；2017年，《残疾人参加普通高等学校招生全国统一考试管理规定》正式发布，法律法规的健全为残疾人参加高考提供必要支持条件和合理便利。

在政策支持下，残疾人在普通高校接受教育也已经成为主要形式。中国残疾人联合会历年发布的《中国残疾人事业发展统计公报》数据显示，2008—2017年考入高等教育院校的残疾人总数每年呈现小幅上升态势。2017年，录取残疾人学生共12663人，比2008年增加5358人，增长率为73.3%；独立设置的残疾人高等教育院校数量增加，为残疾人报考增加可选项；普通高校录取残疾人数占残疾学生总录取人数的85.4%，远高于残疾人高等教育院校录取人数占总人数的比例（14.6%）（见图2-2）。

3. 学校无障碍环境的改进

在基础设施方面，我国法律法规对无障碍环境的具体指标做出了量化的要求。发布于2003年的《特殊教育学校建筑设计规范》、发布于2010年的《义务教育阶段盲校、聋校、培智学校教学与医疗康复仪器设备配备标准》、2012年开始实施的《特殊学校建设标准》和《无障碍环境建设条例》（2012）以及《无障碍环境

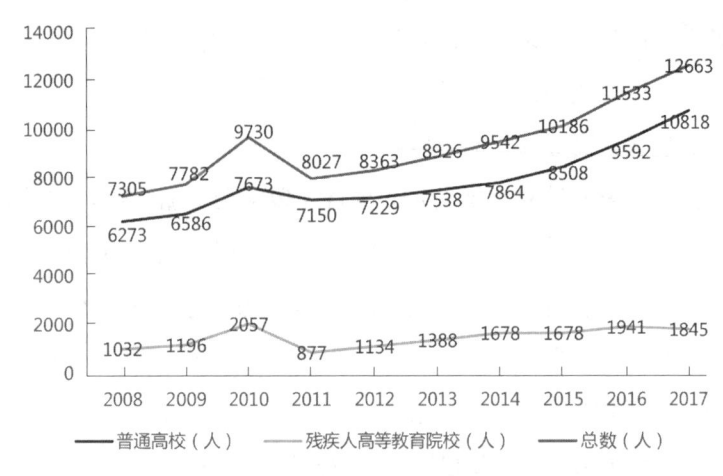

```
14000                                                        12663
                                                        11533
12000                                              10186  10818
10000          9730                          9542   9592
        7782        8027  8363   8926   8864
  7305  7673                           8508
 6273  6586                7538
              7150   7229
        1196  2057
  1032         877   1134  1388  1678  1678  1941  1845

  2008  2009  2010  2011  2012  2013  2014  2015  2016  2017

  —— 普通高校（人）  —— 残疾人高等教育院校（人）  —— 总数（人）
```

图 2-2 2008—2017 年高等教育院校录取残疾人的分布情况

数据来源：《中国残疾人事业发展统计公报》。

建设"十三五"实施方案》（2016—2020 年），从不同方面对无障碍设施的建设提出了要求和标准，在时间的线性链条上，无障碍环境从特殊学校走向全社会，也体现了全纳、融合的理念。

学校的无障碍环境不仅包括物理意义上的基础设施，也包含精神层面的人文氛围。在精神层面上，真正融合的观念需要在全社会推广，普通校园的管理者在对待特殊儿童时必须格外注意，展现真正接纳的态度，营造包容的校园文化氛围。

三、问题与挑战

虽然从统计数字上来看，女性在各阶段、各类型教育中的参与率都有所增长，在个别指标上甚至超过男性，但是我国女性在接受教育的过程中仍然面临着诸多问题与挑战。这些挑战有的是观念性的，有的是制度性的。《行动纲要》中针对教育提出的目标之一——"发展非歧视性教育和培训"，仍未完全达成。我们将从女性作为受教育者的平等权、性别平等的教育、因性别导致的伤害三个部分分别进行分析。

在女性教育整体发展良好的态势下，仍然存在受交叉歧视而被忽略的群体。"性别问题与女性的其他身份和背景交叉杂糅在一起"①，造成了受到交叉歧视而更加弱势的特定女性群体，譬如残障女性、农村女性、留守女童、少数民族女童。同时，非歧视性的、性别平等的视角还需要细致入微地进入教育过程的每一个环节，杜绝基于性别的对女性受教育者的伤害。

（一）女性作为受教育者的平等权

1. 农村留守女童问题

对第三期中国妇女社会地位调查数据的分析②发现，农村女童的营养获得、卫生健康状况都较差，低于农村男童以及城镇女童，尤其西部地区的留守女童，在蛋奶肉营养物质上摄入不足；就学情况上，农村女童更容易因为家庭而失学，获得的学习资源也明显少于城镇女童，她们更多地承担着家庭劳动，农村女童参与家

---

① 〔澳〕邹密：《"妇女能顶半边天"：产生发展权》，载中国人权研究会主编：《和平与发展：世界反法西斯战争的胜利与人权进步》，五洲传播出版社2017年版。

② 和建花：《中国女童生存发展状况研究——基于第三期中国妇女社会地位调查数据》，《中国妇运》2014年第6期。

务的比例高达79.6%，比农村男童高9.6个百分点。

而农村留守女童则在各方面都处于更加不利的位置。她们缺少来自父母的关怀和照料，不得不独立生活。尽管父母在外打工带来的经济收入可以支持农村留守女童的教育，但不能忽视因精神需求得不到满足带来的学习动力丧失。在性教育方面，父母和教师的双重缺席导致农村留守女童性安全知识缺失、卫生习惯不佳等问题。没有父母的保护，没有性和安全相关知识带来的自我保护意识，农村留守女童受性侵害事件频发。

2018年全国摸底排查数据[①]显示，农村留守儿童数量为697万余人，与2016年902万人的数据相比，整体下降22.7%。其中，留守女童占农村留守儿童总数的45.5%。虽然在整体数据上有所下降，但农村留守女童的精神文化需求、家庭情感需要、性教育都是不可忽视的问题。

2. 少数民族地区女童早婚与辍学

早婚，作为一种陈旧的婚俗，指的是男女双方没有达到法定婚龄而结婚的行为。《消歧公约》第十六条规定："童年订婚和童婚不具法律效力，并应采取一切必要行动，包括制定法律，规定结婚最低年龄，并规定婚姻必须向正式登记机构登记。"《婚姻法》规定："结婚年龄，男不得早于二十二周岁，女不得早于二十周岁。"在少数民族地区，《婚姻法》规定自治地方可以制定变通规定，新疆、西藏、宁夏、内蒙古等的变通规定中都将法定婚龄降

[①] 新华网：《民政部：全国现有农村留守儿童697万人 两年下降22.7%》，2018-10-30，[2024-09-27]，http://www.xinhuanet.com/politics/2018/10/30/c_1123634905.htm。

低了2岁,男20周岁、女18周岁为最低结婚年龄。

在政府大力投入、实施"两免一补"政策以保障入学率的义务教育阶段,女性入学人数、比例等显性指标稳固提升,但在部分农村贫困地区及少数民族地区仍然存在较为严重的辍学以及早婚现象。

雷湘竹2012年到2013年间在广西实地调研的情况显示,广西瑶族女童辍学现象严重:"辍学主要发生在小学高年级和初中二三年级。小学部瑶族女生的入学率仅为86.72%,辍学率为13.28%;初中部瑶族女生的入学率为74.5%,辍学率则为25.5%。而该校瑶族学生平均辍学率小学部为8.7%、初中部为17.4%,可见女生的辍学率远远高出男生。"[1] 2015年,侯汉敏在《关于有效治理南疆农村早婚、多育、离婚率高现象建议》中提及,"在喀什市乃则尔巴格乡两个村对500名妇女调研时,发现50%的女性初婚年龄在18岁以下。还有1名34岁的妇女已经当上了奶奶"[2]。2017年方飞雲、胡雪茹、徐书琼对广西壮族村落研究发现,早婚率为59%。[3]

辍学和早婚之间存在着复杂的关系,储琰和汪颖的研究发现,在控辍保学已经完成的今天,显性辍学逐渐消失,但隐性辍学仍然存在,由早恋这一隐蔽现象带来的早婚早育形成了和"上学"

---

[1] 雷湘竹:《广西瑶族女童教育问题的社会性别分析》,《广西师范大学学报》(哲学社会科学版)2014年第50期。

[2] 新华网:《新疆妇联:有效治理南疆农村早婚、多育现象》,2015年1月22日,http://www.xinhuanet.com/politics/2015-01/22/c_127411230.htm。

[3] 方飞雲、胡雪茹、徐书琼:《桃未夭夭 何急于归:广西某壮族村落早婚原因研究》,《赤子》(上中旬)2017年第2期。

之间的冲突，女性将早婚与辍学作为一种理性选择后的"主动"决策，甚至上学也只是为了找到结婚对象[①]。

根深蒂固的社会性别文化深刻影响着少数民族的女童们，薄弱的师资、僵化刻板的授课内容也消减了她们的学习热情，选择更早踏入恋爱与婚姻。在"自愿辍学"的外壳下，是深植多年的性别不平等。

过早步入婚姻，很可能会占据女性本来应该用于接受教育的时间，婚姻家庭中的责任、冲突与矛盾无法得到成熟的解决，甚至有可能产生诸多婚姻问题，如家暴等行为；由于不合法、未登记，女性在婚姻中的权益也难以得到保障。因此，"控辍保学"，落实《婚姻法》中关于最低婚龄的规定非常必要。

3. 特殊教育中的性别平等问题

根据教育部 2014—2019 年的统计数据（见图 2-3），特殊教育中女学生和男学生的人数差距逐年递增，女学生占学生总数的比例始终在 37% 以下，特殊教育中呈现出男女性别分布不均的现象，残障女性获得的教育机会与教育资源远低于残障男性。

首先，保障残障女性群体受教育权利的渠道不足。广东省残培教育发展基金会（以下简称"残培"）的调查数据[②]显示，受访大部分残障女性受教育程度不高，在普通学校就读的受访残障女

[①] 储琰、汪颖：《隐性辍学：一个影响乡村教育振兴问题的表现及分析》，《当代教育论坛》2023 年第 4 期。

[②] 残培基金会：《残障女性需求状况调查报告》（2019），2019-11-20，[2024-09-27]，https://mp.weixin.qq.com/s/CR6JFgdjwgkmvCzwi7jcpQ。

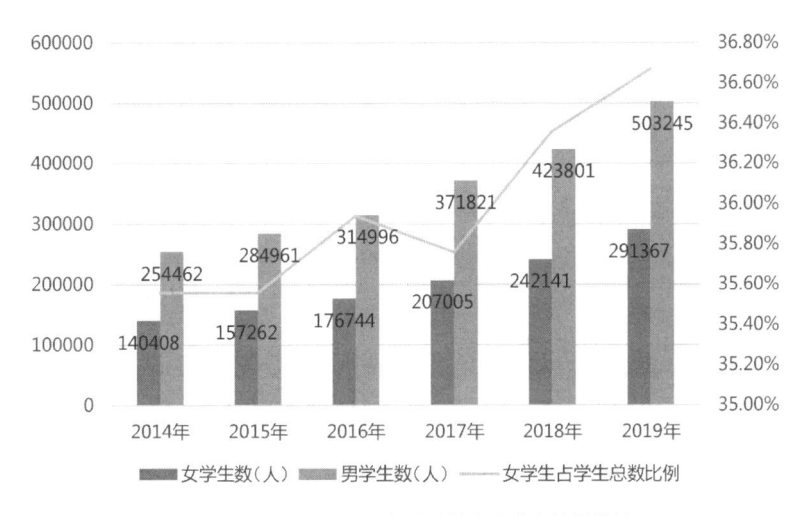

图 2-3　2014—2019 年特殊教育女学生数量统计

数据来源：教育部官方网站。

性，受到高等教育的比例仅占 21.72%，不足全国总体高等教育毛入学率 48.1% 指标的一半。

同时，部分残障女性也因缺乏合适的特殊学校、经济或身体限制等原因既不能入校，也未能接受校园入家指导活动，呈现没有任何形式学习活动的现象。与此相对的是残障女性群体对教育支持的强烈诉求。受访群体中希望对残障学生的受教育费用进行减免的女性占 57.76%；希望能为残障学生免费提供辅助器械的占 51.40%；希望普校放宽入学条件的占 48.97%。[1]

---

[1] 残培基金会：《残障女性需求状况调查报告》（2019），2019-11-20，[2024-09-27]，https://mp.weixin.qq.com/s/CR6JFgdjwgkmvCzwi7jcpQ。

4. 高校招生性别歧视问题

2012年，关于高校招生性别歧视的问题引发热议；2013年至2015年，一家公益机构连续三年发布《"211工程"学校招生性别歧视报告》，报告内容显示，2013年全国112所"211工程"学校中，34所学校直接违规；2014年这112所学校中，64%的高校招生存在性别限制，59%的高校存在招生性别歧视；2015年招生存在性别限制的高校的比例高达71%。①

教育部在回应中，列举了允许高校确定男女比例招生的三种特殊情况："与特定职业要求紧密相关，且职业对男女比例有要求的专业，如军事、国防、公共安全类专业；从保护女性的角度，适当限制女性报考，如航海、采矿等专业；个别招生数量有限且社会需求有一定的性别均衡要求的专业，包括部分非通用语种专业、播音主持专业等。"②

第一类特殊情况从职业性别比例要求出发，将职业中的性别歧视延伸到高校招生中，减少招录，也进一步减少了军事、国防、公共安全类工作的女性数量；第二类特殊情况从第三方角度提出保护女性，有可能会忽视女性的个体意愿；第三类针对女性优势专业，为平衡男女比例而对男生降分录取，但在男生优势专业却没有为平衡男女比例而对女生降分录取，实则是双重标准下的不

---

① 财新网：《七成"211"大学招生存性别限制 三年未改善》，2015-09-21，[2024-09-27]，https://china.caixin.com/m/2015-09-21/100853845.html。
② 新华社：《教育部有关负责人：目前高校男女招生比例基本均衡》，2013-09-25，[2024-09-27]，https://www.gov.cn/jrzg/2013-09/25/content_2494998.htm。

公表现。

直到 2019 年、2020 年，仍然有不少高校根据男女性别划定不同的招录分数线，譬如 2019 年广东省教育考试院发布的只招收男生的专业，不仅有传统的"男性学科"（飞行技术、犯罪侦查、刑事执行等），还包括了警官学院内的法律文秘、民事执行、行政管理等学科。这些学科并不属于特殊情况中的任意一种。

5. 学科存在的性别隔离问题

尽管接受高等教育的女性数量增加，但是女性在 STEM 领域的数量仍然远远不及男性。2007 年中国科学院发布的《我国女性从事科技工作现状研究报告》中发现，我国女性占总人口 48.37%，而女性科技人员约占我国科技人员总数的 35%。

而且，女性科技人才呈现出"金字塔形"结构，越往顶层数量越少，且分布领域不均衡。2019 年 12 月统计数据显示，中国科学院女性院士仅占 6%。在中国工程院 907 位院士中，有 45 位女性院士，占 5%，且学部分布极不均衡，在环境与轻纺工程学部、医药卫生学部，女院士的比例超过 10%；在能源与矿业工程学部、农业学部，女院士的比例则低于 1%（见表 2-5）。

表 2-5　中国工程院女性院士学科分布人数及比例

学部分类	女性人数	总人数	女性占比（%）
机械与运载工程学部	3	129	2.33
信息与电子工程学部	4	131	3.05
化工、冶金与材料工程学部	6	114	5.26
能源与矿业工程学部	1	125	0.8

续表

学部分类	女性人数	总人数	女性占比（%）
土木、水利与建筑工程学部	2	104	1.92
环境与轻纺工程学部	7	60	11.67
农业学部	3	83	0.14
医药卫生学部	16	122	13.11
工程管理学部	5	69	7.25
合计	47	937	5.02

数据来源：中国工程院网站，n.d.，[2019-12-2]，http://www.cae.cn/cae/html/main/col48/column_48_1.html。

说明：总人数937人包含30位跨学部院士，女性人数47人包含2位跨学部院士。

俞毅的研究提出高等教育领域存在学科专业的纵向和横向性别隔离，纵向隔离指女性接受高等教育的层次较低；横向隔离则体现在学科专业选择的两性差异。[①] 就前文的研究数据而言，纵向隔离在近年来已经有所改善，女硕士占比超过50%，女博士占比也已经稳定在40%以上，但是横向隔离仍然存在。

女性离开STEM领域，往往发生在高中文理分科和大学专业选择中。[②] 马莉萍等的研究发现，即便考虑了可能的生理差异、能力差异、兴趣差异以及家庭背景的影响，男女生在高中文理分科和大学专业选择方面仍然存在差异，约八成男生在高中时选择理科，仅有一半女生选择理科；大学专业选择中，女生选择人文社

---

① 俞毅：《高等教育中性别隔离现象的实证分析——以湖南省普通高校1991年至2008年毕业生为例》，《黑龙江高教研究》2010年第5期。

② 郭莎莎：《物理学科领域女性缺失现象的归因探究》，华中师范大学2017年硕士学位论文。

科专业的占比远高于男生。①

职业院校的学科设置上同样存在性别隔离。以辽宁城市建设职业技术学院2015年的招生数据为例，女生人数所占比例前三名的专业分别为装饰艺术设计（66.7%）、工程造价（59.8%）、室内设计技术（57.3%）；男生所占比例前三名的专业为道路桥梁工程技术（90.1%）、工程测量技术（76.8%）、市政工程技术（65.7%）。②女性集中在被认为是"妇女家庭角色的社会延伸"的"女性学科"，而男性集中在职业声望更高的"男性学科"。并且，在"男性学科"中，男性占据压倒性的比例优势，而女性在"女性学科"中的占比却并未达到压倒性程度。在政策设置上，"女性学科"（例如幼师专业），甚至会对男性降低分数线录取来平衡男女比例，而女性比例缺失的工程、机械、计算机等"男性学科"，却并未见类似政策来加以平衡。

在学科专业选择的性别隔离问题背后存在多种解释的可能："男性学科"和"女性学科"将学科专业与职业联结，将暗含性别歧视的社会文化深入渗透到教育之中；在多重社会因素影响下，为了迎合社会的性别角色期待做出的选择；性别刻板印象中男女"各有所长"的看法，潜移默化地影响着学科专业的选择。

---

① 马莉萍、由由、熊煜、董璐、汪梦姗、寇焜照：《大学生专业选择的性别差异——基于全国85所高校的调查研究》，《高等教育研究》2016年第5期。
② 李晶莹：《高职教育过程中学科专业选择的性别隔离研究——基于社会性别的视角》，《辽宁高职学报》2016年第18期。

（二）关于性别平等的教育
1. 教材中的性别歧视与性别刻板印象

早在 2000 年，史静寰主持的"对幼儿园、中、小学及成人扫盲教材的性别分析研究"项目就已经建立，但至今性别歧视的内容仍时有出现在教材或者教辅资料中。2020 年 8 月，华东师范大学出版社出版的《男生女生学数学》系列辅导教材分为"男生使用的蓝色版"和"女生使用的红色版"，书的前言中称"男生做难题更有优势"。① 该书引发性别歧视争议，后终止出版，不再发行。

在教材中，除了学科性别隔离，还有内化职业刻板印象的现象存在。赵杰等针对小学语文教材的研究发现，教材中出现的榜样人物男女比例严重失调，男性占 92%，女性仅占 8%，无论是科技、政治领域，还是文学、艺术及教育领域，女性都处于边缘化位置；② 孙庆括针对人教版和北师大版初中数学教科书的研究发现，插图男女人物数量差异、文本语言表述男女差异、两性职业角色差异、两性能力结构差异都体现了性别不平等；③ 张静对高职公共英语教材的研究发现，两性做主语出现的比例、插图中两性出现比例均失衡，且插图中两性出现的场景、职业种类、社会经济地位等均存在性别刻板印象。④ 高度内化的职业性别刻板印象会对学

---

① 光明网：《数学教辅分男女，"科学施教"是个伪命题》，2020-08-21，[2024-09-27]，https://m.gmw.cn/baijia/2020-08/21/34108677.html。
② 赵杰、巢中元：《小学语文教材中性别歧视话语构建的批评分析——以教材中的榜样人物为例》，《文教资料》2019 年第 30 期。
③ 孙庆括：《教科书中性别不平等现象的分析研究——以人教版和北师大版初中数学教科书为例》，《课程教学研究》2019 年第 4 期。
④ 张静：《高职公共英语教材中的性别歧视研究》，《阜阳职业技术学院学报》2020 年第 4 期。

生造成负面影响。沈瑞提出性别问题会通过教科书不断地巩固和传递，短期可能会影响学生的学业成就动机，长期则会影响学生的职业期待和选择。①

2. 教育工作中缺乏性别意识

在课堂教学方面，师生互动也呈现出性别差异。史静寰的研究发现，教师与男生的互动是集中、亲切、自然的，属于"自然焦点型互动"，而与女生的互动表面上都是礼貌、亲切的，但内心都有些小心翼翼的，属于"礼貌规避型互动"。②皇甫亚楠发现教师在课堂上对提问问题的分配存在两性差异，对于记忆性、描述性、事实性问题，更倾向于让女生作答，逻辑分析型、开放型问题则更多选择男生回答。③

3. 家庭教育中的性别教育

为解决"养而不教"的现实问题，2019年5月，全国妇联、教育部等九部门发布关于印发《全国家庭教育指导大纲（修订）》的通知。2020年2月，《全国家庭教育指导大纲》颁布，规定家庭教育主体权利、责任和义务，明确家长在家庭教育中的第一责任人的地位与作用，以引导和规范家庭教育。

家庭教育的性别教育不仅包括性别平等教育，还有亟待关注的性安全教育。在"女童保护"2018年的调查报告中显示，参与

---

① 沈瑞、刘权华：《教科书中性别问题的分析和研究——以新课改后苏教版小学语文教科书为例》，《基础教育》2013年第10期。
② 史静寰：《走进教材与教学的性别世界》，教育科学出版社2004年版。
③ 皇甫亚楠：《教育公平视角下小学课堂互动中的性别问题研究——以山东省某小学为例》，南京师范大学2014年硕士学位论文。

问卷调查的家长中，母亲占75.68%，父亲占20.54%，这一数据与往年基本持平。① 可以看出，关于儿童防性侵教育，依然以女性参与为主。实际上，做好儿童防性侵教育，构建好家庭监护防线，需要所有监护人的共同参与和努力。

（三）关于因性别导致的伤害问题

1. 教师性侵未成年人

《教师法》规定教师有"进行教育教学活动""指导学生的学习和发展，评定学生的品行和学业成绩"的权利以及"关心、爱护全体学生，尊重学生人格，促进学生在品德、智力、体质等方面全面发展"的义务，权利和义务描述的模糊性使得对教师职权的监督难以有效执行。《教师法》中惩戒教师的规定表述为："教师品行不良、侮辱学生，影响恶劣的，由所在学校、其他教育机构或者教育行政部门给予行政处分或者解聘，情节严重，构成犯罪的，还应依法追究其刑事责任。"教师作为教育"权威"，在师生权力关系中占支配者地位，再加上相较于学生未成年人身份的成年人身份，双重优势下，如果教师缺乏良好的职业操守，将导致极其恶性的侵害事件。

2019年最高检工作报告中披露，幼儿园及中小学教职员工性侵未成年人犯罪案件呈上升趋势，且大量案件犯罪时间长、侵害次数多、一案侵害人数多，2018年起诉50705人，同比上升

---

① 女童保护：《2018年性侵儿童案例统计及儿童防性侵教育调查报告》，2019-03-23，[2024-09-27]，https://mp.weixin.qq.com/s/74YaJ5YibXx--axl9-sFHg。

6.8%。①"女童保护"组织关于性侵儿童案例统计的调查报告显示，2018年，在统计的210起熟人性侵案例中，师生关系案例71起，占33.80%，比例最高；在2019年的301起媒体报道的案例中，熟人作案为212起，教师、教职工（含培训老师）作案76起，占35.85%；在表明性侵发生场所的230起案件中，发生在校园、培训机构的有80起，占34.78%。②学校作为容纳大量未成年人存在的场所，教师作为监管教育未成年人的职业，必须受到更加严格的监督。

2. 高校性骚扰与性暴力

2020年5月28日第十三届全国人民代表大会第三次会议通过的《中华人民共和国民法典》（以下简称《民法典》）在国家法律中首次对性骚扰做出了界定。该法第1010条规定："违背他人意愿，以言语、文字、图像、肢体行为等方式对他人实施性骚扰的，受害人有权依法请求行为人承担民事责任。"关于高校性骚扰，林建军认为，"'高校'的限定指的是'高校人'的身份，即双方中至少有一方是高校教师或高校学生，根据主体不同将高校性骚扰分为学生之间、教师之间、师生之间"③。2019年王献蜜、林建军和金颖对全国9所高校学生的抽样调查研究发现，高校性骚扰发生率为6.6%，重复发生率为51.4%，最常见的受害者是学生，最常

---

① 任国伟：《一号建议：护航"花蕾"成长的创举》，《人民法治》2019年第4期。
② 女童保护：《2019年性侵儿童案例统计及儿童防性侵教育调查报告》，2020-05-18，[2024-09-27]，https://mp.weixin.qq.com/s/_PuK0jfwWRjqEsrztkIQwg。
③ 林建军：《高校学术领域性骚扰防治体系的功能定位及其建构》，《妇女研究论丛》2019年第2期。

见的实施者是教师。①

根据郑力和张冉的研究，校园性骚扰受害者出于"个人的理性考量""制度的局限""文化规范的影响"三类原因沉默，求助率低。②师生之间存在权力关系导致性骚扰的发生隐蔽性更强，更不易被发现。高校教师凭借学术权力对学生实施性骚扰，将会导致多重伤害，不仅使学生学业以及身心发展受损，还会使高校师生关系和教育生态恶化。

中国教育行政与司法部门相继以法规政策的形式规范高校教师职业行为，包括禁止性骚扰行为。2014年10月9日，教育部印发《关于建立健全高校师德建设长效机制的意见》，明确划出高校教师禁行行为"红七条"，其中就包括"不得对学生实施性骚扰或与学生发生不正当关系"。2018年11月8日，教育部发布《新时代高校教师职业行为十项准则》和《关于高校教师师德失范行为处理的指导意见》，严禁任何形式的猥亵、性骚扰行为，并对高校教师师德失范行为施行"一票否决"，推动高校建立健全师德失范行为受理与调查处理机制。此外，司法救济通道也更加畅通，2018年12月12日，最高人民法院发布《关于增加民事案件案由的通知》，针对"教育机构责任纠纷"板块，添加"性骚扰损害责任纠纷"，为教育机构性骚扰受害者提供法律诉讼保障。《民法典》

---

① 王献蜜、林建军、金颖：《高校性骚扰发生现状及性别差异研究》，《中华女子学院学报》2019年第31期。
② 郑力、张冉：《高校性骚扰受害者的沉默原因：一项初步研究》，《复旦教育论坛》2018年第16卷第4期。

在1010条第二款明确规定了教育机构对性骚扰的预防和应对义务："机关、企业、学校等单位应当采取合理的预防、受理投诉、调查处置等措施，防止和制止利用职权、从属关系等实施性骚扰。"在高校层面，北京航空航天大学、北京大学、中华女子学院等也着手建立反性骚扰政策和程序。

除师源性的高校学术领域的性骚扰以外，研究数据表明，学生和学生之间的性骚扰行为也并不鲜见（见图2-4）。近年来学生之间的高校性骚扰与性暴力事件频发，2019年牟林翰案中女方死亡，造成了极其恶劣的后果，同样值得关注与防治。

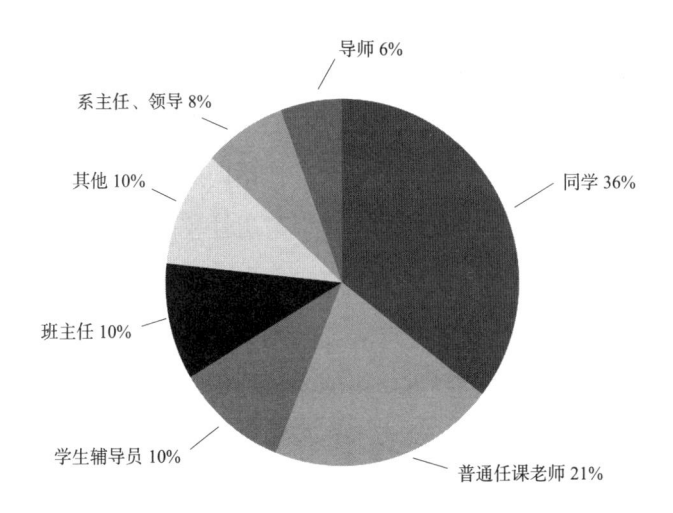

图2-4 被骚扰者报告的高校性骚扰实施者身份

- 同学 36%
- 普通任课老师 21%
- 学生辅导员 10%
- 班主任 10%
- 其他 10%
- 系主任、领导 8%
- 导师 6%

数据来源：国家社会科学基金项目"高校性骚扰防治机制研究"对全国9所高校学生的1631份有效调查问卷的统计数据（2019年）。由于四舍五入的原因，百分比总和略大于100%。

3. 校园欺凌

中国教育追踪调查（CEPS）2014—2016年的数据发现，九年义务教育阶段是校园暴力的高发期，只有不到一半（42.6%）的初中生没有遭受过任何形式的校园暴力侵害，49.6%的初中生遭受过言语形式的校园暴力，37.7%的初中生遭遇过校园内社会交往上的欺凌，19.1%的初中生在校园里遭受过身体上的暴力伤害，14.5%的初中生遭遇过网络欺凌；而且各种类型的暴力并非孤立存在，遭受过一种形式暴力的学生往往也容易遭受到其他形式的暴力。[①]2018年国际学生评估项目（PISA 2018）对校园欺凌的调查结果显示，在性别上，男生更经常卷入欺凌行为和身体暴力，女生则更多地涉及关系欺凌。[②]

2018年联合国教科文组织（UNESCO）发布的报告显示，男女学生遭受校园欺凌的几率相差不大，地区间的差异也较小，但是在所受的欺凌类型上存在性别差异。与男性校园欺凌多见的肢体暴力相比，女性校园欺凌更隐蔽也更复杂，除了直接的肢体冲突，精神上的压迫往往更为严重。[③]中国传媒大学鲁瑶、徐子涵、袁昌佑的调查报告发现，将近一半的受访者仍旧受到消极的心理影响，三分之一（32.95%）受害者在校园欺凌事件发生后被确诊患有心理疾病。[④]在政策法律的惩戒之外，家庭教育、学校责任以

---

① 王卫东：《有多少校园欺凌不该发生》，《光明日报》2016年12月15日。
② 王冠男：《校园欺凌的现状及影响因素》，《上海教育》2020年第6期。
③ 联合国教科文组织：《校园暴力与欺凌——全球现状报告》，2018-03-25，[2024-09-27]，https://unesdoc.unesco.org/ark:/48223/pf0000246970_chi。
④ 鲁瑶、徐子涵、袁昌佑：《走不出的青春梦魇：校园欺凌受害者调查报告》，2017-05-19，[2024-09-27]，https://dy.163.com/article/CKRB64UB0525DPBO.html。

及更为根本的包含性别平等视角的教育观念的普及非常迫切。

四、良好实践案例总结

在促进教育领域的性别平等中，政府的宏观引导、地方政府的试点经验和民间组织的积极实践，共同构建了良好的社会发展空间。源头上，政府建立法规政策的性别平等评估机制，确保性别视角进入法规政策的制定；地方政府进一步根据自身情况，制定细化的机制并落实具体执行；民间组织作为重要的推动力和有力的项目提供者，在吸取先进经验、提供经验借鉴上做出诸多努力。

（一）部分省市建立法规政策性别平等评估机制

性别平等作为社会公平正义的重要组成部分，需要确切落实到具体的政策制度之中，才能确保从源头上保障妇女权益。

《中国妇女发展纲要（2011—2020年）》首次提出："将社会性别意识纳入法律体系和公共政策，加强对法规政策的性别平等审查。"全国多省市建立法规政策性别平等评估机制，为教育法规中性别平等评估的实施奠定基础。2012年，江苏省首创性别平等咨询评估机制，将性别平等纳入决策视野[1]；2013年，浙江省建立政策法规性别平等咨询评估机制，2015年评估数量达129次[2]；

---

[1] 中国江苏网：《江苏首创性别平等咨询评估机制 从法律源头保妇女权益》，2012-03-09，[2024-09-27]，http://news.cntv.cn/20120309/118293.shtml。

[2] 张丽：《浙江省创建政策法规性别平等评估机制》，浙江在线，2016-02-25，[2024-09-27]，https://zjnews.zjol.com.cn/system/2016/02/25/021035278.shtml。

2014年，四川省政策法规性别平等评估咨询机制启动运行[①]；2015年，西藏自治区法规政策性别平等评估工作启动[②]；2016年，湖南省出台《关于建立湖南省法规政策性别平等咨询评估机制的指导意见》[③]；2018年，上海市成立法规政策性别平等咨询评估委员会[④]；2018年1月1日起施行《辽宁省政府规章制定办法》，将性别平等纳入省政府规章审查内容，这在全国尚属首例。《办法》在第四章第二十五条第五款中明确提出，法制部门应当对规章送审稿是否符合公民性别平等进行审查。这条规定明确了政府法制部门在规章政策审查时要增加性别视角，充分考虑男女两性的现实差异和对男女两性的不同影响，彰显公平正义和良法善治。

2020年4月，国务院妇女儿童工作委员会发布《关于建立健全法规政策性别平等评估机制的意见》，在国家层面上保障法规政策性别平等评估机制的落实。2020年6月17日，山东省人大发文建立全国首个法规政策性别平等评估机制，对列入立法计划的地方性法规和政府规章、正在实施的地方性法规和政府规章、正在制定及正在实施的规范性文件，进行调研论证、分析评估，推动立法和行政机关在出台法律、制定政策、编制规划、决策部署时

---

① 四川日报：《四川政策法规性别平等评估咨询机制启动运行》，2014-11-15，[2024-09-27]，http://www.chinadaily.com.cn/dfpd/sc/2014-11/15/content_18920604.htm。
② 人民网拉萨：《西藏自治区法规政策性别平等评估工作启动》，2015-12-10，[2024-09-27]，https://www.sohu.com/a/47705332_119665。
③ 华声在线：《湖南省法规政策性别平等咨询评估机制正式落地运转》，2016-11-21，[2024-09-27]，https://hunan.voc.com.cn/article/201611/201611210725175497001.html。
④ 东方网：《上海市法规政策性别平等咨询评估委员会成立》，2018-03-01，[2024-09-27]，https://sh.cri.cn/20180228/f1101493-f9fc-6ad4-7719-1de8b39015c9.html。

纳入性别视角，确保性别平等。①

（二）多部门协力应对性侵未成年人问题

在针对性侵未成年人的问题上，社会组织和政府部门形成了有效的协力模式。政府在政策文本、法律惩戒上编织防护网，社会组织则以专业知识应对女童性侵的危机情形。2017年，江苏淮安对淮阴区性侵未成年人犯罪案的处理就彰显出了各部门协力应对性侵未成年人问题的高效与强力。

在法律政策的制定过程中，引入性别平等视角，有助于从源头上预防性别歧视、性侵害等恶性事件的发生；教育工作者在政府协助下，积极落实性与性别教育，帮助脆弱未成年人正确认识性与性别，增强自身的保护意识，如广东中山的冯继有，在深圳市妇女儿童工作委员会的支持下，积极推进中小学内的性别平等教育；在性侵女童的恶性事件发生后，政府作为主导，联络妇联与社会组织，第一时间由富有经验的专业社工协同警方进行问询，尽可能保护受害人心理健康、提高取证效率，如深圳春风应激干预服务中心，以一站式专业化的后端服务避免二次伤害的发生；公安及检察部门在尾端进行严格惩戒治理，并采取硬性措施防止其再犯，如浙江慈溪对犯罪人员的公开曝光、江苏淮安的犯罪人员信息公开及从业禁止等。

---

① 澎湃新闻：《全国首个由省人大发文 法规政策性别平等评估机制在山东建立》，2020-06-19，[2024-09-27]，https://m.thepaper.cn/baijiahao_7911968。

（三）民间组织的性别教育推动

在性别教育推动方面做出贡献的民间组织不胜枚举，在此介绍几个特殊领域的典型范例，呈现民间组织在推动性别教育中不可或缺的作用。民间组织不仅承担着传播先锋思想的责任，还为政府举措做出适时补充，并以自身成功实践为政府决策思路提供借鉴，甚至直接为政府提供服务。

1. 广东省绿芽乡村妇女发展基金会

广东省绿芽乡村妇女发展基金会成立于2013年3月6日，2020年有服务乡村妇女的"绿芽乡伴"和服务乡村儿童的"绿芽童行"两大项目。

"绿芽乡伴"项目下设"绿芽农家女"和"半乡学堂"。"绿芽农家女"面对农村女性缺少学习资源、平台的情况，建立了一个互相交流、合作学习的社群网络，在社群网络上开设线上课程，开展性别平等倡导等主题活动。截至2018年，"半乡学堂"已经在9个省、30个乡村建立社区活动中心并开展9场线下能力建设培训，持续支持以"览表图书室"为代表的农村社区公共文化空间的建设，通过线下的教育培训，激发农村女性的发展潜能，也推动性别教育在农村地区的深化。

"绿芽童行"计划针对乡村儿童性教育匮乏的状况，通过实地调研明确需求，致力于让更多乡村儿童（留守和流动儿童）获得科学、全面、符合儿童需求的性教育服务。通过培养和支持有能力开展儿童性教育服务的教师、社工机构、草根组织或其他团队，开发一系列易于推广的视频、教材和教具，开展公众宣传和政策倡导，使性教育服务惠及更多社区，使留守和流动儿童及家庭获得的性教育服务更加具有针对性和可持续性。

在调研方面，2018年绿芽基金会联合北京大学公共卫生学院联合开展调研，撰写《乡村儿童性教育调研报告（初稿）》[①]，发现乡村地区初中学生接受过系统性教育的人数不足1/3，乡村未成年人亟须性教育服务。

在具体实践方面，"绿芽童行"计划下设三个项目，一是开发《丁丁豆豆成长故事》系列儿童性教育动画片及配套书籍、课件，为儿童接受性教育提供知识保障；二是"支教带上性教育"，推动教师、社工和支教团队参与儿童性教育，为教师、社工和支教团队提供简单适用的儿童性教育资料，提供线上培训和交流机会，开展教育效果评估；三是"性教育到我家"，针对儿童性教育中家长知易行难的情况，为解决生活中家庭性教育难题，联合国内多家机构推出性教育情景剧，在生活化的场景里，手把手教家长应对儿童性教育问题。

2. 残障姐妹

2017年，国内第一个专门针对残障女性群体的机构——"残障姐妹BEST"建立。[②] 残障女性叠加残疾和女性双重弱势身份，承受着加倍的压力，为摆脱残障女性面对的艰难困境，"残障姐妹"以经济独立、自我赋能为落脚点，在各个省市开展"残障女

---

① 广东省绿芽乡村妇女发展基金会：《丁丁豆豆到咱村，为乡村儿童打造更适宜的性教育》，2018-07-25，[2024-09-27]，http://www.ruralwomengd.org/8074.html。
② 田为：《"北京残障姐妹"：看我们真实的模样》，《法律与生活》2019年第6期。

性领导力培训",与残培合作进行问卷调研,并撰写《残障女性需求状况调查报告》。在2020年疫情期间推出暖心包项目,为残障女性提供生活护理用品。①

除了2019年正式注册成立的社工事务所的工作,以艺术构建的心理疗愈是残障姐妹工作网络的另一重要创新。2018年拍摄的残障女性纪录片《寒鸦》,发布在微信公众平台的"残障女性故事集",以及印制的讲述残障女性人生故事的《北京残障女子图鉴》,通过大量正面案例的书写,努力让残障女性这一特殊群体被看见,从而呼吁交叉议题的讨论,以及更多针对残障女性的倾斜性政策的产生。

3. "融合中国"网络

"融合中国",作为一家由全国范围内心智障碍者家长组织发起的民间组织合作网络,在推广融合理念上属于先锋,并且与政府的"全纳教育"相呼应,通过具体生动的项目策划让融合理念深入人心。该网络覆盖全国80多个城市、150多个家长组织和伙伴机构。

其雏形为2014年7月24日成立的心智障碍者家长组织联盟,于2016年创建"融合中国"项目品牌,形成五个核心项目:1. 快乐活动营(由志愿者提供一对一陪伴的融合性体育、娱乐、运动休闲活动);2. 趾印计划(为心智障碍者家长提供的喘息支持及能力建设计划的家长支持资源中心计划);3. 社区融合老友计划(通

---

① 相关信息见"残障姐妹BEST"微信公众号。

过稳定的志愿者支持，开展不同的社区生活探索主题活动——社区购物、社区出行、社区安全、社区文化、社区友邻关系等）；4.友爱校园行（通过开展以儿童为主导的多元生动的融合德育课程及倡导实践活动，提升学校教职人员的融合教育理念及实施能力，改善友好校园文化环境，让所有孩子一起上学）；5.专才计划（旨在为家长组织建设和培养具有专业能力的专职团队，进而促进家长组织从抱团取暖互助性的非正式组织向专业化方向发展，提升组织发展的专业能效）。

这五个项目借鉴国内外先进理念，搭建起了资源对接的平台，在社会合作、家庭教育、社区活动、校园文化、人才储备五个角度传播和倡导融合理念，推动心智障碍者平等参与社会。[①]

4."同语"的多元性别教育与研究

同语成立于2005年，关注中国在性与性别、性倾向、性别认同与性别表达上遭受歧视和暴力的群体。同语多年来面向青年人开展多元性别和性别平等教育交流活动，采用同伴教育等充分发挥青年人潜能的教育模式，并引入真人图书馆、生命故事分享会、多元性别主题桌游等新颖的活动形式。同语的研究团队从2007年开始开发适用于本土的多元性别教育课件资源包，向有相关教学需求的教师和公益团体开放免费下载。2019年，同语发起了"青言计划"，支持青年人在多元性别研究领域的发展。

---

① 中国发展简报：《"融合中国"机构介绍》，[2024-09-27]，http://www.chinadevelopmentbrief.org.cn/company/detail/4448.html。

同语的青年教育工作还促进链接青年人、教师、学校、政策制定者等多个利益攸关方，并积极推动政策的改善。同语曾发布《校园性别暴力：实证研究与政策建议》《性与性别少数学生校园环境调查报告》《中国多元性别未成年人的生活与权益》等调研报告，为推进防治校园欺凌政策改善提供了坚实依据，并和专家合作向两会代表提交了多个提案，涉及反对校园欺凌、在《反家庭暴力法》实施中明确纳入对多元性别群体的保护、简化跨性别者学历修改流程等议题。

5. 女童保护

2013年6月1日，在各地女童侵犯案高频曝光后，由全国各地热心公益的女记者们共同发起"女童保护"公益项目；2015年7月6日，该项目升级为专项基金，设立在中国少年儿童文化艺术基金会下；2018年3月，"女童保护"团队成立北京众一公益基金会。①

北京众一公益基金会的两大项目分别是"女童保护"和"拥抱青春期"。"女童保护"以"普及、提高儿童防范意识"为宗旨，致力于保护儿童，远离性侵害。② 从2013年开始，连续发布《性侵儿童案件统计及儿童防性侵教育调查报告》；并将防性侵知识制成专业教案，培养志愿者授课，与全国各地妇联、教育局、团委等部门合作，开展小学"防性侵一堂课"；向人大代表、政协委员递

---

① 北京众一公益基金会：《关于"女童保护"》，2024-08-05，[2024-09-27]，https://all-in-one.org.cn/ntbhxmjs。
② 北京众一公益基金会：《关于"女童保护"》，2024-08-05，[2024-09-27]，https://all-in-one.org.cn/ntbhxmjs。

交女童保护建议,推动立法保护和政策改进。"拥抱青春期"项目于2019年启动,一方面通过一线教学将性知识传递给青春期的学生,另一方面开展调研形成调研报告,撰有《"最美的春夏"2019年青春期性健康教育调查报告》①。

6. 北京师范大学儿童性教育课题组

北京师范大学儿童性教育课题组从2007年开始开展小学性教育课程研究活动。主要工作分三项,首先是相关教材的研发制定,结合教育部《中小学健康教育指导纲要》和联合国教科文组织《国际性教育技术指导纲要》,出版全套《珍爱生命——小学生性健康教育读本》。其次是性教育的教学实践,培训小学教师、大学生志愿者,在教材的指导下开设小学性教育课程,在北京市流动儿童学校开展的教学实践收效显著。最后是持续性地推动立法,2014年课题组撰写了"将性教育纳入我国义务教育课程体系"的政协提案,2020年刘文利教授提出修改法律和国家政策文件中涉及"性教育"内容,用"性教育"替代"青春期教育",在和其他力量的联合推动下,全国人大于2020年10月17日对《未成年人保护法》进行了修订,修改后该法第40条明确规定:"学校、幼儿园应当建立预防性侵害、性骚扰未成年人工作制度。对性侵害、性骚扰未成年人等违法犯罪行为,学校、幼儿园不得隐瞒,应当及时向公安机关、教育行政部门报告,并配合相关部门依法处理。

---

① 北京众一公益基金会:《"最美的春夏"2019年青春期性健康教育调查报告》,2020-05-18,[2024-09-27],https://all-in-one.org.cn/newsinfo/353202.html。

学校、幼儿园应当对未成年人开展适合其年龄的性教育，提高未成年人防范性侵害、性骚扰的自我保护意识和能力。对遭受性侵害、性骚扰的未成年人，学校、幼儿园应当及时采取相关的保护措施。"

五、结论与建议

（一）结论

1. 总体态势与细化指标

在总体态势上，通过本研究的梳理可以看到，在统计数据上我国基本实现了男女在各层级学校入学的平等，但要达成教育过程、教育结果、教育结构的性别平等仍有相当距离。女性教师队伍、女性科研人才和高等教育中女学生呈现出的"金字塔形"分布（即层级越高人数越少）、STEM领域女性的低代表性，残障女童、农村留守女童、少数民族女童双重不利地位的困境，以及性别平等教育推行在根深蒂固的社会性别文化中所遭遇的阻碍，都从不同角度揭露了总体数据均等之下隐藏的性别差距。

郑新蓉指出，分析女性教育发展状况时，需要拉开指标的分析层次，她列出初级指标（平等入学的机会状况）、二级指标（性别平等教育过程和环境现状）和三级、四级指标（平等的教育成就和平等的社会发展空间）。① 在这一分析框架下，我国基本实现

---

① 郑新蓉、林玲：《女性教育与社会发展空间》，《山西师大学报》2020年第5期。

了初级指标，但在二级、三级、四级指标上还有很长的路要走。

2. 关注特定群体需求

除了更加多元的评估指标，在政策制定上还需关注多重不利地位女性的需求。她们面临着更复杂也更严峻的歧视，一项笼统的保护女性权益的法案无法覆盖贴合现实中每一处的凹凸纹理，政府应当制定针对特定群体的具体政策加以关注与保护。

3. 纵横交错的行动网络

要想实现联合国千年目标中的承诺，真正实现实质性的性别平等，需要建构纵横交错的行动网络。

在纵向上，地方性的分散实践可以被整合成为国家整体性法规政策体系的经验。前文提及儿童保护方面，浙江慈溪、江苏淮安出台的文件，以及上海闵行区的试点经验，都将是制定、修订国家层面法律法规的借鉴与参考。新修订的于2021年6月1日开始施行的《未成年人保护法》，就增加了强制报告与从业禁止的内容，与地方性的政策文本形成呼应。

在横向上，确定政府主导，保证部门间的通力协作。面对复杂多元的问题和处于交叉弱势的女性群体，政府需要进一步优化机构设置和管理模式，提高行政能力，加快达成目标。譬如面对女童受性侵的恶性事件，单一政府部门难以解决，可能存在部门之间权责不清而互相推诿的现象，需要部门之间打破壁垒，为了共同的目标加强合作。[①]

[①] 张康之：《论社会治理中的协作与合作》，《社会科学研究》2008年第1期。

蓬勃发展的妇女民间组织，作为95世妇会的深远影响之一，在今天需要被赋予新的时代价值和时代意义。民间组织在倡导女性权益、推动性别平等、实践新型模式、提供成熟服务等方面可以发挥更大的作用。一方面，民间组织需要加强自身建设，另一方面，政府也应认可民间组织的努力，支持民间组织发展，借鉴民间组织经验，丰富理论资源，形成良好互动。

（二）建议

1. 完善法制体系建设

首先，要加强长效机制的建设，落实妇女权益保障。在保障妇女权益的相关法律政策上，近年来涌现出许多可喜的变化，但由于是问题倒逼式的政策制定，导致缺乏整体性和长期性，多为临时的法律判决，判定标准有时会与舆论程度相关，譬如"李星星案"的判处就随着舆论关注而得到解决。政府应在完善法律体系之外，建构系统的执法与监督机制，保障长期运转、及时解决。另外，需要保障相关政策的实际落地，加强性别平等评估机制的运用研究，调研评估结果，改进评估机制，让性别视角成为一柄真正的利剑，而非漂亮的剑鞘。

其次，要推进部门合作，强化司法保护。在最高检和全国妇联联合下发《关于建立共同推进保护妇女儿童权益工作机制的通知》的基础上，进一步推进全国各地妇联机构与法院、检察院的通力合作，共同促进妇女权益保障，完善司法保护体系建设。

面对前文提及的女童性侵害、高校招生性别歧视、女教师发展路径受限等刑事或民事、行政合法权益受损事件，各部门共建女性权益的救济机制，根据相关司法解释提起诉讼，由妇联组织协同法院、检察院，将专业知识和法律法规结合起来，互相补充，互相完善，推动妇女儿童权益的保护。

另外，要加强关注双重或多重不利地位女性，制定保护性政策，并落实实施机制。残障女童、农村留守女童和少数民族女童，这三个群体或有交叉重合，都处于双重乃至多重不利地位，在数据统计中明显弱于男性。在教育资源相对有限的情况下，农村家庭、残障家庭、少数民族家庭往往会更加倾向于将教育资源向男性倾斜。前文数据显示，残障女童参加教育的机会远远低于残障男童，农村留守女童与同等条件下的男童相比资源更少，也受根深蒂固的性别文化环境影响，容易"自愿"辍学，政府需要从政策上明确对双重或多重不利地位女性受教育权的保护，深刻落实"控辍保学"。

2. 促进教育平等权益的实现

首先，要进一步扩大托幼普惠程度，发展妇女劳动力。面对生育率偏低的人口形势，由国家分担家庭的育儿成本才能让更多女性"敢"生育。多渠道扩大托幼普惠性资源，加大对学前教育的财政支持力度，确保学前教育的公益普惠水平得到提高，规范监管托幼机构收费情况，为女性生育提供良好的社会育儿氛围，让妇女不因生育压力而放弃工作，发展劳动力，创造社会经济价值。

其次，要打破性别隔离，保障女教师权益。去除教师队伍女性化附加的污名，通过政策提高教师职业的社会地位，打破教师职业中存在的男女性别隔离，为女教师提供多样化的领导力培训，鼓励女性在 STEM 领域做出贡献，为她们的选拔与晋升提供与男性平等的竞争空间。

再次，也要构建妇女终身教育体系，鼓励女性参与多形式的继续教育。培养妇女终身教育理念，构建结构灵活的终身教育体系。政府通过社交媒体、网络平台为妇女提供多样化的教育机会，以新兴科技媒体创造丰富优质的教育资源。一方面从政策上鼓励用人单位、教育培训机构为职业女性提供自我发展课程，提升职业素养；另一方面关注中老年女性的精神需求，增进中老年女性对网络社会的了解，提高中老年女性防范网络风险的意识，满足中老年女性多元的教育需求。

3. 塑造培养性别平等意识

首先，在性教育与教材层面，政府可以进一步深化性别平等评估机制在全国各地的践行，鼓励各地创新评估机制，以追踪调研的方式监督评估结果。在基础教育课程体系建设中加入性与性别教育作为必修课程，在制定教材内容上注意性别平等的规范，并在教师培训中融入性别意识，引导教师形成性平等意识。

其次，在学校教育课程与教学层面，学校可以在教育中借鉴民间组织的成功经验，运用先进工具包进行性别平等的教育，营造无性别歧视的校园文化，为女性创造支持性的学习环境。在教学中注意性别意识的引入，对教师进行性教育培训，引导教师树立性别平等意识、学会性别平等教学、开展性别教育研究。

再次，在家庭教育的性别文化层面，应当在家庭教育中落实性教育，推广全面性教育。增强女童自我保护意识、提高父母警惕意识，让父母和女童深入性与性别课程之中，更好地认识性与性别。

第三章 妇女与健康

李玲

一、背景介绍

(一)"妇女健康"的定义

在促进妇女健康的行动中,国际组织不断拓展和完善妇女健康的概念。1994年通过的《国际人口与发展会议行动纲领》的第四条原则强调:"促进男女平等、公平和妇女权力以及消除一切形式的针对妇女的暴力并确保妇女有能力控制自己的生育率是有关人口和发展方案的基石。妇女和女孩的人权是普遍人权中不可剥夺和不可分割的一个整体部分。使妇女在国家、区域和国际各级充分、平等地参与公民、文化、经济、政治和社会生活,消除基于性别的一切形式的歧视,是国际社会的优先目标。"[1]

95世妇会的《行动纲要》明确提出:"妇女有权享有能达到最高身心健康的标准。享有这一权利对妇女的生活和福祉及参加公共和私人生活各领域都至关重要。健康,是指身体、精神和社会

---

[1] 联合国人口基金:《国际人口与发展会议行动纲领(20周年版)》,2014年。

等方面完全的健康的状态，而不仅仅指没有疾病或不虚弱。妇女的健康涉及她们的身心和社会福祉，除了生理因素之外，还由妇女生活的社会、政治和经济环境决定。"《行动纲要》对相应的战略目标也有明确规定，包括：

1. 增加妇女在整个生命周期内获得恰当、担负得起和优质的保健、资料和有关服务；

2. 加强促进妇女健康的预防性方案；

3. 采取对性别问题敏感的主动行动，以解决性传播疾病、艾滋病及性健康和生育健康问题；

4. 促进关于妇女健康问题的研究并发布有关资料；

5. 增加资源促进妇女健康和监测其后续行动等。

每一目标之下，又详细罗列了实现目标的对策和要求。联合国《消歧公约》的相应规定是第 12 条：

1. 缔约各国应采取一切适当措施以消除在保健方面对妇女的歧视，保证她们在男女平等的基础上取得各种保健服务，包括有计划生育保健的服务。

2. 缔约各国应保证为妇女提供有关怀孕、分娩和产后期间的适当服务，于必要时给予免费服务，并保证在怀孕和哺乳期间得到充分营养。

综上所述，妇女健康的内涵已远远超出传统医学的界定。基于此，在全球层面针对妇女健康促进的国家项目，在设计、执行和评估上，也从传统的医疗模式拓展为社会的系统工程来推动。

(二)促进妇女健康的国际行动

95世妇会的《行动纲要》对妇女健康促进做出了更明确的说明和具体的行动要求。联合国发布的千年发展目标再次强调和重申妇女健康与权利。相关国际文书中对妇女健康的界定,大多以联合国《消歧公约》为重要依据。妇女健康成为联合国和国际社会的重要议题,从时段上看,当时正处于20世纪与21世纪相交之际,有人称这场促进妇女健康的讨论为"跨世纪的热议"。

2020年3月9日,联合国妇女地位委员会第六十四届会议上通过的《关于第四次妇女问题世界会议二十五周年的政治宣言》中,各国政府表示要全面、有效、加快执行《北京宣言》和《行动纲要》,并承诺:"加紧努力,实现妇女女孩在一生中不受任何歧视地享有能达到的最高标准身心健康的权利,促进她们公平享有优质、可负担的全民保健和福利,包括实现全民健康覆盖。"①

二、中国政府和民间组织对妇女健康事业的推动

(一)中国政府制定的相关政策,为妇女健康提供保障

1.《"健康中国2030"规划纲要》

2016年8月,习近平总书记在全国卫生与健康大会上发表重要讲话,提出"要把人民健康放在优先发展的战略地位",将妇

---

① 联合国妇女署:《关于第四次妇女问题世界会议二十五周年的政治宣言》,2020-07-24,[2024-09-27], https://www.unwomen.org/sites/default/files/Headquarters/Attachments/Sections/CSW/64/CSW 64-Declaration-CH-Fin-WEB.pdf。

健康纳入"十三五"规划。

紧接着,2016年10月26日,国务院印发《"健康中国2030"规划纲要》提出:"全民健康是建设健康中国的根本目的。立足全人群和全生命周期两个着力点,提供公平可及、系统连续的健康服务,实现更高水平的全民健康。要惠及全人群,不断完善制度、扩展服务、提高质量,使全体人民享有所需要的、有质量的、可负担的预防、治疗、康复、健康促进等健康服务,突出解决好妇女儿童、老年人、残疾人、低收入人群等重点人群的健康问题。要覆盖全生命周期,针对生命不同阶段的主要健康问题及主要影响因素,确定若干优先领域,强化干预,实现从胎儿到生命终点的全程健康服务和健康保障,全面维护人民健康。"

此纲要突出解决妇女儿童健康问题,设立健康指标"孕产妇死亡率",要求从2015年的20.1/10万降至2020年的目标18/10万,到2030年要降至12/10万。具体措施是:完善生育服务管理,完善国家计划生育技术服务政策,加大再生育计划生育技术服务保障力度。建立健全出生人口监测工作机制。继续开展出生人口性别比治理。到2030年,全国出生人口性别比实现自然平衡。提高妇幼健康水平,实施母婴安全计划,倡导优生优育,继续实施住院分娩补助制度,向孕产妇免费提供生育全过程的基本医疗保健服务。

2.《中国妇女发展纲要(2011—2020年)》

2011年7月30日,国务院印发《中国妇女发展纲要(2011—2020年)》。其总目标之一是:"保障妇女平等享有基本医疗卫生服务,生命质量和健康水平明显提高。"该总目标进一步体现为妇女与健康领域以及妇女与社会保障领域的具体目标。

在妇女与健康领域,主要目标为:

1. 妇女在整个生命周期享有良好的基本医疗卫生服务,妇女的人均预期寿命延长。

2. 孕产妇死亡率控制在20/10万以下。逐步缩小城乡区域差距,降低流动人口孕产妇死亡率。

3. 妇女常见病定期筛查率达到80%以上。提高宫颈癌和乳腺癌的早诊早治率,降低死亡率。

4. 妇女艾滋病感染率和性病感染率得到控制。

5. 降低孕产妇中重度贫血患病率。

6. 提高妇女心理健康知识和精神疾病预防知识知晓率。

7. 保障妇女享有避孕节育知情选择权,减少非意愿妊娠,降低人工流产率。

8. 提高妇女经常参加体育锻炼的人数比例。

在妇女与社会保障领域,主要目标为:

1. 城乡生育保障制度进一步完善,生育保险覆盖所有用人单位,妇女生育保障水平稳步提高。

2. 基本医疗保险制度覆盖城乡妇女,医疗保障水平稳步提高。

除了《中国妇女发展纲要(2011—2020年)》,《中共中央 国务院关于打赢脱贫攻坚战的决定》以及《"健康中国2030"规划纲要》也将妇女"两癌"筛查列为重点项目,并提出到2020年妇女常见病的定期筛查率达80%以上的目标,为新一轮的"两癌"筛查划定了时间表和路线图。

回顾现有与妇女健康相关的指标，有些指标在不同体系中出现并长期使用，如孕产妇死亡率；有些指标具有特定发展阶段的特点，如以死亡结果为主的测量反映了发展初期和发展中阶段的问题，与服务获得相关的测量则更适用于社会经济较为发达的社会。目前应用的指标存在一定局限，例如孕产健康占了较大比重，对女性生命周期其他阶段的关注不足。更值得注意的是，现有相关指标对中国社会中与性别平等和妇女健康相关的重要内容和变化缺乏敏感性，难以有效反映这个领域的进展或问题。因此，有必要在这方面加强分析和研究，引起更多关注和讨论，探讨适合中国发展阶段的性别平等和妇女健康评价指标。

（二）近年来中国民间组织促进妇女健康的良好实践

1. 以调查研究为基础，了解妇女的健康需求，根据妇女的不同需求设计健康干预项目

了解妇女的健康需求是对妇女进行健康干预的第一步，只有认真了解女性的健康需求，才能真正做到从女性的角度出发进行健康干预。例如：云南某草根组织针对女性艾滋病感染者进行调研，了解她们的社会支持、心理状况、服药依从性、吃抗病毒药的副作用等情况，设计出针对女性HIV感染者的健康干预方案。

2."以妇女为中心"，积极配合政府共同推进生殖健康项目

"妇幼健康促进行动"围绕妇科常见疾病、孕产妇保健、出生缺陷干预、青少年以及孕产妇心理等热点问题提供健康服务。截至2017年年底，妇幼健康促进行动已向全国18个省（区、市）

84个市、县捐赠了近200套设备,受益妇女人数逾100万人次。

"粉红丝带运动"是1992年10月由雅诗兰黛集团资深副总裁伊芙琳·兰黛和美国《自我》杂志主编彭尼女士共同首创的以佩戴"粉红丝带"为标志的全球性乳腺癌防治运动。每年10月18日为防乳腺癌宣传日,10月的第三个星期五被定为粉红丝带关爱日。在中国,《时尚健康》杂志每年10月都会通过明星代言和患者分享等形式,去诉说"乳房的故事",推广"早预防,早发现,早治疗"的理念。

"流产后关爱(PAC)项目"关注女性意外妊娠流产情况,2020年已经指导并审核通过了76家"PAC优质服务医院"、26家"PAC培训基地"和16家"PAC长效避孕培训基地"。

3. 针对不同的妇女群体建立不同的健康小组,形成社区女性互帮互助的健康小组

比如上海某项目,选定上海1个街道(乡镇)和5个社区开展活动,每个项目地区都建立了以老年女性为主体的"家庭健康责任人"队,每人联系10—15个家庭,督促家人与居民参与健康相关活动,分享交流健康知识,劝导改变不良生活方式,促进家人与邻居进行健康自我管理。这样使老年女性形成社区小组,既改善了老年女性对健康的认知,又提升了老年女性在家庭中的话语权,提高了她们参与社区活动的积极性。

4. 深入社区,为多元性别女性群体和弱势女性提供社工服务

更多地关注多元性别女性群体和弱势女性是民间组织的责任和优势。云南"同话舍"是一个为多元性别女性服务的组织,她们长期扎根于社群，建立多元性别女性互帮互助小组。这个组织关注多元性别女性心理健康，为其提供心理健康咨询；创办性健康工作坊，向她们普及性健康知识，同时关注多元性别女性的生殖健康和亲子关系。

在关注弱势女性方面，云南超轶健康咨询中心作为一个扎根云南的草根组织，长期关注不同群体的健康问题。他们联合云南同话舍，深入社区，为残障女性提供心理健康咨询服务。

5. 民间组织灵活，反应灵敏，对妇女健康领域新涌现的问题做出及时反应

针对妇女健康领域出现的新问题，民间组织发挥其灵活的特点，做出了及时反应。比如，当下出现的针对女性的情感操纵与精神控制（PUA）现象[1]，民间组织给予了及时的关注与应对。公益组织"小红帽"成立于2016年，是当时中国唯一一家公开反对PUA毒害的公益机构。该机构通过开展科普、社工服务干预、调研等工作，倡导社会大众正确认识亲密关系，救助被PUA的受害女性。据统计，截至2018年，向该机构创始人孔唯唯求助的PUA受害女性已经超过150人。[2]

---

[1] PUA，全称"Pick-up Artist"，原意为"搭讪艺术家"，指一方接受过系统化学习、实践并不断更新提升、自我完善情商以吸引异性的行为，后来泛指会吸引异性、让异性着迷的人和其相关行为。目前PUA多指在一段关系中一方通过言语打压、行为否定、精神打压的方式对另一方进行情感控制。

[2] 向由、沐城：《邪恶的"情感捕食者"——全国首例查处非法PUA案样本》，《法律与生活》2019年第11期。

三、中国健康促进事业取得的成就

（一）妇女保健网络不断完善

在 2015 年中国政府与联合国妇女署共同举办的全球妇女峰会上，习近平主席提出了促进性别平等和妇女全面发展的四点中国主张。其中承诺中国 2015—2020 年为发展中国家培训 13 万妇女骨干，实施 100 个"快乐校园工程"和 100 个"妇幼健康工程"。截至 2019 年已完成了 60% 以上，2020 年全部完成。

2016—2018 年，政府投资 84.8 亿元支持全国 561 个妇幼保健机构建设，各级政府加强资金配套，妇幼保健机构基础设施建设得到明显改善。通过实施基本公共卫生服务项目和妇幼重大公共卫生服务项目，建立了覆盖 13.5 亿人的基本医疗保障[①]，生育保险的参保人数也在逐年增加（见表 3-1）：

表 3-1　全国生育保险参保人数

年份	年末参加生育保险人数（万人）
2015	17771.0
2016	18451.0
2017	19300.0
2018	20434.0

数据来源：国家卫生健康委员会：《中国卫生健康统计年鉴》，中国协和医科大学出版社 2019 年版，第 335 页。

---

① 蔡一平：《妇女与健康》，《山东女子学院学报》2020 年第 7 期。

同时，我国基层的医疗卫生条件也得到改善，基层的医疗卫生机构数和县及县级市妇幼保健院（所、站）的床位数都在逐年增加（参见表3-2和表3-3）；基层卫生服务者的医疗水平也有所提高，截至2018年，妇幼保健院（所、站）执业医师本科占53.6%，研究生占7.9%。[1]

表3-2 2018年各地区基层医疗卫生机构工作情况

区域	机构数（个）	床位数（张）	人员数（人）
东部	353895	507598	1674672
中部	294555	558612	1164085
西部	295189	517377	1125987
总计	943639	1583587	3964744

数据来源：国家卫生健康委员会：《中国卫生健康统计年鉴》，中国协和医科大学出版社2019年版，第180页。

表3-3 县及县级市妇幼保健院（所、站）床位数（张）

年份	县妇幼保健院（所、站）床位数	县级市妇幼保健院（所、站）床位数
2015	74303	31381
2016	77150	32904
2017	81457	34182
2018	84976	36196

数据来源：国家卫生健康委员会：《中国卫生健康统计年鉴》，中国协和医科大学出版社2019年版，第191页。

---

[1] 国家卫生健康委员会：《中国卫生健康统计年鉴》，中国协和医科大学出版社2019年版，第63页。

（二）妇女生殖健康备受关注

2015—2020年，我国为提高妇女生殖健康水平做出了持续的努力，取得了比过去更大的成就，主要体现在以下几个方面：

第一，农村妇女两癌筛查不断普及。2015年至2018年，累计为超过8500万农村适龄妇女进行了宫颈癌检查，为2000万农村适龄妇女进行了乳腺癌检查。

第二，我国妇女常见病筛查率得到提高。我国妇女常见病筛查率在2014年有所下降，2014—2017年呈逐渐上升趋势，2017年筛查率为66.9%，较2014年上升了11.8个百分点。分地区分析结果显示，东、中、西部地区筛查率均在2014年有所下降，中部地区下降幅度最大，共下降33.8个百分点，2014—2018年各地区均呈现逐年上升的趋势。东、中、西部地区筛查率总体呈现东部地区最高、中部小于东部、西部小于中部的分布，2017年东部地区筛查率为74.6%、中部地区为63.3%、西部地区为60.2%。①

第三，孕产妇死亡率下降。根据我国的妇幼卫生监测数据，我国的孕产妇死亡率到2016年降为19.9/10万（城市19.5/10万，农村20.0/10万），城乡差距已经不明显，实现了联合国可持续发展目标中提出的到2030年孕产妇死亡率小于70/10万的目标。②到2018年，我国孕产妇死亡率已降至18.3/10万。③

---

① 陈佳暄：《中国妇女常见病筛查机遇与挑战分析》，中国疾病预防控制中心2019年硕士学位论文。
② 方菁：《25年来中国妇女健康回眸：成就与挑战》，《人口与健康》2020年第8期。
③ 国家卫健委妇幼健康司：《中国妇幼健康事业发展报告（2019）》，2019-05-27，[2024-09-27]，http://www.nhc.gov.cn/fys/s7901/201905/bbd8e2134a7e47958c5c9ef032e1dfa2.shtml。

第四，妇女产检、住院分娩率不断提高。如表3-4所示，从2015年到2018年，女性的产前检查率和住院分娩率均有所提高，住院分娩率2018年已经高达99.9%。

表3-4 妇女产检、住院分娩率（%）

年份	产前检查率	产后访视率	住院分娩率
2015	96.5	94.5	99.7
2016	96.6	94.6	99.8
2017	96.5	94	99.9
2018	96.6	93.8	99.9

数据来源：国家卫健委妇幼健康司：《中国妇幼健康事业发展报告（2019）》，2019-05-27，[2024-09-28]，http://www.nhc.gov.cn/fys/s7901/201905/bbd8e2134a7e47958c5c9ef032e1dfa2.shtml。

第五，消除母婴传播艾滋病、梅毒、乙肝工作取得显著成效。自2001年中国启动预防艾滋病母婴传播试点工作以来，中央政府持续增加投入，工作覆盖面逐步扩展。自2015年起，预防艾滋病、梅毒和乙肝母婴传播工作扩展到了全国，孕产妇检测率不断提高，综合干预措施全面落实。2016年，全国艾滋病母婴传播率降至5.7%。儿童新发感染逐年减少。由此可见，我国在消除母婴传播传染病方面取得了较大进展。

（三）针对妇女的健康教育模式的新突破

2015—2020年，针对妇女的健康教育模式也越来越多样，除了传统的由政府和社会组织开展的宣传教育工作，市场对妇女健康教育的参与也越来越多，这要归功于互联网和自媒体的发展，不少微信公众号和微博博主都在积极参与女性健康教育的宣传。与传统的宣传方式相比，互联网自媒体的宣传优势明显。

1. 互联网宣传教育的优势

互联网传播渠道便于紧跟时事热点，信息发布快捷方便。例如，当有女性明星因宫颈癌去世时，自媒体平台往往会以此为契机，广泛宣传与宫颈癌相关的知识。类似地，在鲍毓明案发生后，不少自媒体纷纷撰文以教育大众如何预防未成年人遭受性侵害。这种信息传播方式不仅使得大众能够通过手机等设备轻松获取健康知识，同时通过与时事热点相结合的方式，使相关知识更加深入人心。

同时，互联网的兴起使得健康知识的可及性得到了进一步提升。针对女性健康问题，诸如微博、微信公众号以及百度等平台都设有专门的在线问答服务，用户可随时向在线医生提出问题，获得及时的解答。健康知识的传播呈现更加全面和细致化的趋势。不同的社交平台面向不同的受众群体推广健康知识。例如，一些公众号专门针对青少年进行性教育宣传，如"女孩别怕"；一些则专注于女大学生的日常健康问题，如"一只学霸"；还有一些专门针对中年女性健康科普的公众号，如"幸运的女神"。这些互联网宣传形式也更加多元化和富有趣味性，能够吸引更多读者的关注。比如，深圳卫健委公众号就经常通过漫画方式进行健康知识科普，也有其他自媒体采取动画视频、音频播客等形式进行科普，这使得一些文化程度较低的妇女也能通过非文字形式获取健康知识。

2. 互联网宣传教育的问题

除了好的方面，互联网健康宣传也有新的问题，在微博、微信公众号等新媒体平台上，健康宣传水平参差不齐，导致大量所谓的"伪健康知识"混杂其中，给读者带来了辨别困难。比如，中国互联网联合辟谣平台就识别了多条互联网平台传播的女性健康谣言，比如"女性绝经越晚越好""女性的卵巢需要按摩保养"等。[①] 另外，互联网平台的健康宣传还有一部分是以赚取流量和营利为主要目的，因此往往存在着诱导读者消费某些健康产品的内容，甚至存在打广告的嫌疑。这些内容急需相关政策进行规范管理。

四、妇女健康的问题和挑战

（一）妇女生殖健康的问题与挑战

1. "全面两孩"政策后高龄产妇问题涌现，妇女产后抑郁症问题缺乏关注

2015年10月，中国共产党第十八届中央委员会第五次全体会议中提出了"全面两孩"政策。此后，高龄、高危孕产妇比例明显升高，有研究者当时预计2020年高龄孕产妇的比例将上升1.3倍，高危妊娠的管理和危重症的救治任务加重。2015年后高龄孕

[①] 中国互联网联合辟谣平台：《绝经真的越晚越好？ 关于女性健康的谣言你知道几个》，2024-03-08，[2024-09-27]，https://www.piyao.org.cn/20240308/f2d713a47b474d608e027092bb0bd506/c.html。

产妇比例接近40%①，且该比例呈逐年升高趋势。高龄产妇带来了孕产妇的新问题和挑战：

首先，高龄产妇引发了相关并发症的高发和儿童死亡率的反弹。有相关研究数据表明：2017年，我国13个省市的孕产妇死亡率出现反弹，略高于2015年同期水平。②

其次，相关研究表明，"全面两孩"政策出台后，我国二孩产妇产后抑郁的发生率在30.1%到34.71%之间，均高于"全面两孩"政策出台前我国产后抑郁的发生率14.7%（13.1%—16.3%）及国际上报道的13%的发生率。③

上述数据显示，我国的产后抑郁症发生率较高，而且随着"全面两孩"政策的出台还有所增长。诱发产后抑郁症的原因有很多，比如：女性生育二胎后将面临更加繁重的家庭任务，同时，女性还可能面临生二胎后失业或事业上很难继续发展的压力，从而加剧其精神负担，诱发产后抑郁。

而且，女性产后抑郁症没有获得足够关注，医院、社区、相关的政府部门和民间组织对产后抑郁症的治疗服务存在数量不足、水平不够高以及不够及时等问题。

---

① 顾向应、邱晓梅、张翊昕、李晓宇：《全面二孩政策实施后给计划生育临床工作带来的机遇与挑战》，《上海医学》2019年第42卷第6期。

② 顾向应、邱晓梅、张翊昕、李晓宇：《全面二孩政策实施后给计划生育临床工作带来的机遇与挑战》，《上海医学》2019年第42卷第6期。

③ 胡蔺芬、蒋娜、李瑶、秦春香、唐四元：《二孩产妇产后抑郁现状及影响因素分析》，《邵阳学院学报》（自然科学版）2019年第16卷第5期。

2. 青少年女性人流手术数量逐年攀升

我国是人口大国，也是青少年人口最多的国家。据 2010 年人口普查资料显示，我国年龄小于 25 岁的青少年人口近 3.02 亿，占总人口的 22.7%。随着经济的发展、性观念的开放以及婚前性行为的增加，青少年非意愿妊娠人工流产数量急剧增高。世界卫生组织统计数据显示，我国每年人工流产人数高达 1300 万，其中年龄小于或等于 25 岁的青少年占一半以上[①]，呈现低龄化特征。这一现象的成因包括多方面因素：首先，随着性观念的逐渐开放，青少年性行为呈现增多的趋势；其次，对青少年的性健康教育却相当匮乏，导致了不安全性行为的增加和意外怀孕情况的频繁发生；此外，广泛存在的人工流产广告加剧了青少年对妊娠后果的误解，这些广告宣传着意外怀孕并不可怕，甚至可以轻易解决。

3. 女性在性传播疾病中仍然面临高风险

女性在性传播疾病中仍然面临高风险，主要是因为阴道的结构使女性更容易被感染，而性别不平等导致女性在性行为和性生活中缺乏话语权，男性处于掌控地位，造成了女性自我保护的权力较弱，在安全套的使用方面缺乏决策权，往往屈从于男性的选择。有研究发现，安徽一些农村已婚妇女的安全套使用率仅为 6.2%，表明安全套使用与文化水平、社会性别意识的高低有关。[②]

---

① 王沁洁、李胜梅、刘伟信、汤彪、邓有智：《青少年人工流产现状及避孕方式的选择》，《中国计划生育和妇产科》2020 年第 12 卷第 4 期。
② 储晓岳、秦其荣、陈然、洪航、卢曼曼、叶冬青：《安徽省农村已婚妇女避孕套使用情况及其影响因素》，《中华疾病控制杂志》2009 年第 13 卷第 3 期。

（二）妇女心理健康的问题和挑战

1. 性别不平等使社会竞争中的女性产生心理健康问题

性别不平等的社会竞争环境使得女性面临心理健康问题，这一问题的产生受到多种因素的影响。首先，在职场性别歧视普遍存在的环境中，女性就业压力突出，大多数职场女性不仅需要胜任工作，还需要承担照顾家庭的责任，这导致她们往往处于过度劳累的状态，因此更容易出现心理健康问题。《中国职场女性心理健康绿皮书》调研结果表明，约85%的职场女性在过去一年中曾出现过焦虑或抑郁的症状，其中约三成女性"时不时感到焦虑和抑郁"，7%的女性甚至表示自己"总是处于焦虑或抑郁状态"。[①]除了职场女性，产妇也面临较严重的心理健康危机，有数据显示，我国产后抑郁症的平均患病率已达14.7%。[②] 这些女性的心理健康问题往往没有得到她们自己以及社会的足够重视，选择通过心理咨询等专业渠道对心理健康问题求解的女性仍然比较少。

2. 亲密关系中女性遭遇的 PUA 和精神暴力

女性在恋爱婚姻家庭等亲密关系中也存在着心理健康挑战。

在中国的互联网语境下，PUA 多指在一段关系中一方通过言语、行为、心理手段对另一方进行精神控制。处在 PUA 关系中的女性长期处于压抑、自责、无自尊感的心理状态中，理性思考的

---

① 新华网：《逾八成职场女性出现过焦虑和抑郁状态》，2019-12-15，[2024-09-27]，http://www.xinhuanet.com/politics/2019-12/15/c_1125348218.htm。

② 湖南日报：《国家精神疾病医学中心：我国产后抑郁症平均患病率已达14.7%》，2023-05-11，[2024-09-27]，https://baijiahao.baidu.com/s?id=1765615676094695507&wfr=spider&for=pc。

能力被削弱，可能难以高效处理日常生活中的各项事务，容易患上抑郁症等心理疾病①，严重者甚至会自杀。比如，2019年发生的牟林翰虐待案，北京大学法学院女生包丽（化名）在北京市某宾馆服药自杀，送医救治期间被宣布"脑死亡"。相关聊天记录显示，包丽自杀前，其男友牟林翰曾向包丽提出过拍裸照、先怀孕再流产并留下病历单、做绝育手术等一系列要求。这引发社会大众对女性在亲密关系中遭受精神控制及其恶劣影响的关注。

亲密关系中的另一个挑战是精神暴力。精神暴力主要表现为对受害人进行侮辱、谩骂、诽谤、宣扬隐私、无端指责、人格贬损，以及恐吓、威胁、盯梢、跟踪、骚扰受害人及其近亲属等。精神暴力通常会使受害人产生自卑、恐惧、焦虑、抑郁等心理、精神方面的伤害。据统计，有23.3%的女性经受过施暴者的精神暴力，其发生率仅次于身体暴力。②

在暴力行为中，身体暴力与精神暴力呈现出截然不同的特征。身体暴力往往在表面上表现为对受害妇女身体的明显伤害，而精神暴力则更为隐蔽。家庭暴力中的冷暴力作为一种精神暴力形式，尤其难以界定。尽管许多女性可能遭受过家庭关系中的冷暴力，但来自伴侣的冷嘲热讽、冷漠等行为很少被识别为暴力。这样的精神暴力在各种家庭中都有可能发生，有专家分析指出，在受过高等教育的知识分子家庭中，家庭成员往往性格较为高傲，自尊

---

① 杜宇：《浅析"不良PUA"》，《青年与社会》2019年第18期。
② 付玢：《我国〈反家庭暴力法〉对妇女权益保护问题研究》，吉林财经大学2018年硕士学位论文。

心强,不愿意示弱,也不善于表达情感,这导致了家庭冷暴力的出现。冷暴力的危害有时甚至超过其他形式的暴力,不仅使得夫妻关系破裂,而且会对受害者造成更加深远的精神伤害。①

(三)妇女职业健康的问题和挑战

1. 妇女在职业中面临的健康问题

首先,部分行业女工的生殖健康异常率较高。

石油化工、电子、冶金、铁路和机械制造等行业存在女性职业暴露的危险。有研究发现:在这些行业接触有害因素者占40.84%;月经异常率28.14%,电子和铁路行业女工月经异常率较高(32.28%和32.11%);妇科检查总体异常率18.29%,其中铁路女工高达29.49;女工妇科疾病患病率49.01%,其中乳腺增生占27.11%,生殖系统感染36.31%;医护人员月经异常率和妇科检查异常率高于其他行业,分别为33.11%和27.46%;女工有正常性生活而未采取避孕措施的情况下1年不孕率24.26%、2年不孕率11.88%、3年不孕率8.88%。②《中国九个典型行业女职工月经异常状况及影响因素分析》研究也显示,9个行业(医药卫生、石油化工、冶金、铁路、机械制造、电子、金融、文化艺术、行政机关)女工月经异常率为35.85%,其中金融行业女职工月经异常

---

① 付玢:《我国〈反家庭暴力法〉对妇女权益保护问题研究》,吉林财经大学2018年硕士学位论文。

② 李茂进、王如刚、安瑞兰:《职业妇女生殖健康研究现状》,《中国工业医学杂志》2019年第32卷第4期。

率最高（44.83%），其原因可能是金融行业女职工压力较大、工作时间长，加之长期不良的工作模式如久坐等；石油化工行业女职工的月经异常率也较高（41.0%），该行业的女职工职业暴露有毒化学物质较多，可能是导致月经异常的因素。该调查发现，长时间站立的女工比例高达24.87%，久坐的比例高达41.58%。长时间的站立或久坐以及接触职业有害因素，容易与月经异常等生殖健康损害产生协同效应。①

我国女性就业率高达73%，是全世界女性就业率最高的国家之一。职业女性不仅要承受工作压力，同时还要承担家庭的大部分家务劳动，承担赡养老人、抚养子代的责任，使她们面临比男性更强烈的工作与家庭冲突。同时，经常加班、轮班、工作中长时间站立或久坐等不良工作模式也对女职工的健康产生影响。长期加班和轮班，使身体得不到充分的休息，抑制脑垂体的功能，使卵巢不再分泌女性荷尔蒙及不排卵，易发生月经紊乱。因而需要加强女职工工效学方面的健康教育，使其意识到定时变换工作姿势对健康的益处。

其次，职业危害因素也会严重威胁胎儿或婴幼儿生命健康。

母亲怀孕期间接触有机溶剂、油漆和石油可诱发儿童急性淋巴细胞白血病，减少环境和职业苯暴露可降低儿童急性淋巴细胞白血病的发病风险。孕妇产前尿中总多环芳烃（PAHs）代谢物水平与新生儿神经行为发育有关，孕期母体PAHs暴露可能对新生儿

---

① 邢再玲、俞文兰、徐茗、于常艳、李广益：《中国九个典型行业女职工月经异常状况及影响因素分析》，《中国工业医学杂志》2019年第32卷第4期。

神经行为发育产生不良影响。年龄、职业接触含苯有机溶剂和服用含雌激素类药物是导致唐氏综合征胎儿的主要因素。环境污染会危害孕产妇身体健康,增加孕产妇死亡率,废气排放浓度越高、固体废物排放密度越高的地区孕产妇死亡率越高。[1] 同时,职业性噪声接触也可能对女工的生殖与妊娠功能产生影响,从而威胁胎儿或婴幼儿生命健康。有研究表明,暴露于噪声的妇女的子女平均智商显著低于正常水平。[2]

2. 妇女在职业中面临健康权益的保障问题

首先,月经假尚未得到全国范围内的推广。

2012年颁布的《女职工劳动保护特别规定》规定了女职工在经期禁忌从事的劳动范围:"(一)冷水作业分级标准中规定的第二级、第三级、第四级冷水作业;(二)低温作业分级标准中规定的第二级、第三级、第四级低温作业;(三)体力劳动强度分级标准中规定的第三级、第四级体力劳动强度的作业;(四)高处作业分级标准中规定的第三级、第四级高处作业。"[3]

月经假在全国部分省份得到落实,《湖北省女职工劳动保护规定》强调:"对女职工因月经过多或痛经而不能正常工作的,经用人单位指定的医疗机构证明,用人单位可适当给予其1至2天的

---

[1] 李茂进、王如刚、安瑞兰:《职业妇女生殖健康研究现状》,《中国工业医学杂志》2019年第32卷第4期。

[2] 朱建华、刘俊:《纺织噪声对女性机能及子代的影响》,《职业与健康》1993年第6期。

[3] 中国政府网:《女职工劳动保护特别规定》,2012-05-07,[2024-09-27],https://www.gov.cn/zwgk/2012-05/07/content_2131567.htm。

休息。"2020年发布的《辽宁省女职工劳动保护办法》也规定,用人单位应给予经期女职工劳动保护:"不得安排从事国家规定的经期禁忌从事的劳动;从事连续站立劳动的,每2个小时安排至少10分钟工间休息;经医疗机构或者妇幼保健机构确诊患有重度痛经或者经量过多的,给予1至2日的适当休息。"但关于月经假的落实并未覆盖到全国层面。

其次,产假、保胎假、哺乳假也有待进一步落实。

按法律规定,我国的所有女性劳动者在劳动关系存续期间,都享受产假待遇。2012年4月18日,国务院颁布了《女职工劳动保护特别规定》,删除了"女职工违反计划生育规定的,其劳动保护应当按有关计划生育规定办理,不适用本规定"的条文,意味着职业女性有未婚生育、超生等违反计划生育相关法律法规的情形,也不剥夺其享受产假的权利,但是在国家机关、事业单位及国有企业等单位工作的职业女性除外。女职工符合计划生育规定分娩,产假期满后抚育婴儿有困难的,经本人申请,领导批准,可请哺乳假。

《女职工劳动保护特别规定》第九条还规定:"对哺乳未满1周岁婴儿的女职工,用人单位不得延长劳动时间或者安排夜班劳动。用人单位应当在每天的劳动时间内为哺乳期女职工安排1小时哺乳时间;女职工生育多胞胎的,每多哺乳1个婴儿每天增加1小时哺乳时间。"

尽管相关规定已经得到逐步完善,但政策落实仍然面临问题。有报道指出,相关政策在机关、事业单位以及大型企业执行较好,但部分小型民营企业并未按规定执行，女职工生孩子休假不发工资或者不给足假期的现象屡见不鲜，少数企业甚至劝怀孕女职工辞职回家。①

另外，生育假期也存在概念界定与政策执行问题。

具体而言，生育假期相关概念界定模糊。目前存在生育假、产假、产检假、育儿假、培育假、育婴假、父母假、亲子假以及男性护理假等多种概念，但在研究分析中并未将上述概念或说法进行界定、分类和区分，统一的话语体系的欠缺会直接导致研究中对相关概念问题的误判。而且，生育假期法规实际效力不足。据媒体报道，一些公司将生育假变成"事假"从而克扣女员工工资。② 同时，处于休产假或产检假时期的女职工与其他无需照料子女的男女职工相比，常常陷入不利的境地。2018年7月，吉林长春的陈女士在孕期内遭到公司的辞退，她状告公司胜诉后却被公司分配到工地的办公室工作，此事件一经报道就在网络上引起网友热烈讨论。③ 可见，虽然国际公约以及女职工劳动保护规定都对生育期女职工提供了政策保护，但是在实际运用中并没有达到预期的效果。

---

① 南京日报：《"福利假"在一些单位落地难》，2018-07-17，[2024-09-27]，https://www.nanjing.gov.cn/mszx/201811/t20181102_1076953.html。

② 新华网：《"三期女性"特别的保护给特别的你》，2020-09-03，[2024-09-27]，http://m.xinhuanet.com/2020-09/03/c_1126446037.htm。

③ 杨娅星：《女性就业权益保障视域下生育假期制度研究》，《统计与管理》2020年第35卷第10期。

(四)环境对妇女健康的影响

1. 自然环境污染对妇女健康的影响

农业污染和工业污染都对女性健康造成危害,比如:农药的滥用直接导致了女性乳腺癌的增长;接触职业有害因素的女工,妇科疾病患病率比不接触职业有害因素女工的患病率高,主要是阴道炎、盆腔炎、附件炎、乳腺增生及子宫和乳腺肿瘤。而且这些排放有毒物质的企业主要集中在我国的乡镇地区,所以乡镇妇女的健康受有毒工业污染影响的几率更大。

另外,妇女常承担较多的烹调等炊事活动,接触煤、油、木柴、煤制汽等各种燃料的机会较多。在炊事燃煤时,二氧化硫和硫酸雾常同时存在,长年接触会引起妇女老年性慢性气管炎。二氧化硫还会降低机体的免疫力,使妇女常见病和多发病增高。[1]

空气污染也会影响孕产妇健康。研究表明,孕期暴露 $PM_{2.5}$ 会增加妊娠失败风险,造成自然流产和死胎。孕期空气污染暴露还会显著增加妊娠期高血压和妊娠期糖尿病的发病风险。[2] 环境污染对女性健康造成的不良影响,多年来一直受到关注,但是一直未能得到解决,这是女性在人类经济发展和经济全球化中付出的代价,甚至是全人类的代价。

---

[1] 赵爱平:《环境污染对妇女健康的影响》,《UNDP 妇女与环境国际研讨会文集》,中国环境科学学会 2001 年。

[2] 科普中国:《一种影响生育健康的环境因素,常常被忽略,很多人还在中招》,2023-08-10,[2024-09-27], https://baijiahao.baidu.com/s?id=1773823924967094074&wfr=spider&for=pc。

2. 社会环境对女性健康的影响

现代社会，容貌成了评判女性的重要标准，甚至是唯一标准。这导致整形与医美文化盛行。2017 年，中国已经成为仅次于美国的全球第二大医美市场，2018 年中国整形美容市场规模为 1220 亿元。[1]但是，女性主义理论家认为，现如今，父权制对女性的控制都转置到了女性的身体和容貌上，这种父权控制经由消费文化，借助手术刀、药物、针筒等工具，最终由被"虚假的自我"所激励的女性施加在自己身上。在这种情况下，整形很难被认为是女性的自主选择。[2]

铺天盖地的商业广告在告诉女性要"美""年轻"和"瘦"，这种对女性外貌的要求使得女性在追求这些标准的过程中引发了新的健康问题。比如，注射玻尿酸，轻则过敏，重则导致皮肤组织坏死；减肥瘦身导致女性频发低血糖、贫血和经期紊乱等问题；有的女性为了保持年轻，长期注射雌性激素，轻者会增加罹患子宫肌瘤、乳腺增生的风险，重者会导致乳腺癌、子宫颈癌、阴道癌、肝癌及肾癌等病症。[3]

---

[1] 36氪：《2017 年中国成全球第二大医美市场，五个整形的人中就有一个男性？》，2017-12-08，[2024-09-27]，https://baijiahao.baidu.com/s?id=1586193474484258991&wfr=spider&for=pc。

[2] 黄燕华：《消费文化中的"美丽迷思"——青年女性整形个案研究》，《青年研究》2020 年第 4 期。

[3] 黄燕华：《消费文化中的"美丽迷思"——青年女性整形个案研究》，《青年研究》2020 年第 4 期。

(五)妇女健康的挑战
1. 健康宣传不充足

首先,农村地区的健康教育仍然欠缺。有调查显示,农村留守妇女中有 6% 经常参加健康教育活动,22% 偶尔参加,24% 很少参加,48% 从未参加过健康教育活动。这些数据表明她们的健康意识不强,没有正确认识到健康教育对自身健康的促进作用。[1] 同时也有调查发现,90% 的农村留守妇女都不了解是否有专门的机构对她们的健康情况进行整理存档。虽然政府下设的健康教育所经常在网上发布各种健康方面的知识,但农村留守妇女对健康教育所没有概念,对于网络的使用接近于零。一部分留守妇女通过观看电视或其他娱乐节目了解健康常识,但是这些渠道传播的信息良莠不齐,由于农村留守妇女文化水平有限,难以识别错误信息,因此有些信息也给她们带来了困扰。[2]

农村妇女接受到的健康教育不多或者无法接收到正确的健康知识,主要原因有:首先,中国农村重男轻女、"女子无才便是德"的观念还很严重,女孩在很多时候都没有办法与男孩获得平等的教育机会,这导致了农村女性在成年之后对知识的理解力往往弱于男性,从而在辨别什么才是正确的健康知识和理解健康知识方面有一定障碍。其次,在农村开展的健康教育活动数量有限,农村妇女劳动繁重,往往导致她们无暇顾及自己的健康。而且,

---

[1] 崔秀寅、余世宁、林丽庆:《农村妇女围产期保健教育现状与需求研究》,《首都食品与医药》2020 年第 27 卷第 2 期。

[2] 赵倩:《农村留守妇女健康教育保障机制研究》,西南大学 2016 年硕士学位论文。

很多健康教育活动的形式过于生硬和专业,且宣传方式比较单一,导致农村妇女难以接受这些健康知识。再次,健康教育人才分布不均。专业的健康教育工作者大多集中于城市,县、乡镇、村里的健康教育专业工作人员不仅数量少而且质量也偏低。尤其是在农村,几乎没有专业的健康教育工作者,都是由村卫生室医生代替其职能。

另外,对青少年和大学生的性健康教育仍然不足。"性"在中国文化中是一个禁忌话题,"性"不可以被公开谈论,这就导致很难对年轻人进行公开的性健康教育。在家庭中,主动向孩子进行性健康教育的家长不超过三成[1];中国计划生育协会2016年发布的《大学生性与生殖健康现状调查报告》显示,接受系统性教育的大学生比例较低,有34%的大学生未接受过"学校开设的青春期教育、生殖健康教育或性教育相关的课程",有56%的大学生接受过学校的相关教育。[2]

近些年,我国的性文化越来越开放,但是由于性健康教育的缺乏,艾滋病传播速度加快。2019年7月,中国疾控中心艾滋病防治组主任在答记者问时表示,我国15—24岁的青年学生近年每年报告发现病例一般在3000例上下;2011年到2015年,扣除检测增加的因素,中国15—24岁的青年学生中,艾滋病病毒感染者

---

[1] 张金姨、杨娟、杨冲、贺映月、王鑫山:《大学生性态度、性生理及性教育现状调查》,《当代教育实践与教学研究》2019年第12期。
[2] 中国计划生育协会:《〈大学生性与生殖健康现状调查报告〉发布》,《性教育与生殖健康》2016年第4期。

人数年均增长率达35%。① 加强青少年和大学生的性健康教育势在必行。更重要的是，在推行性健康教育的同时，还应当开展性别平等教育，这将影响到他们在性行为中对自己进行保护。

2. 健康服务的可及性不佳

首先，妇幼保健医疗资源城乡差别仍然较大。我国的妇幼保健网络在2015—2020年间虽然有了增长和突破，但是仍然存在城乡资源分布不均的问题。城市里的医疗资源明显比县、乡、村要多，主要体现在：城市妇幼保健院的医疗设备更先进；城市妇幼保健院的面积更大、床位数更多；城市妇幼保健院的医疗人员学历更高，专业性更强。城市的妇幼保健医院得到的财政资助明显要高于县、乡、村，加上城市本身对人才的吸引力，医学专业学历高的人才都愿意去往大城市。

其次，医疗保险的层级差别，降低了妇女保障服务的可及性。我国的社会保障模式属于"社会保险型"模式，这种模式以社会保险为核心（还包括社会救助、社会福利和社会优抚），保障费用由个人、单位和国家共同承担，社会保障的给付与个人的收入和社会保险缴费相联系，强调责任分担、互助共济以及受保人权利和义务的对等性。②

医疗保险的报销比例与看病医院的等级有关，各地关于报销

---

① 界面新闻：《青年学生每年新发现艾滋病约3000例，在青年人群中占比9年增幅为18%》，2019-08-02，[2024-09-27]，https://baijiahao.baidu.com/s?id=1640719205141274580&wfr=spider&for=pc。

② 欧晓鸥：《〈性别敏感的社会保障制度研究〉结项报告》，云南省社会科学院院级项目，2019年，第6页。

比例的规定存在差异。比如，依据2020年《上海市城乡居民基本医疗保险办法》，超过18周岁不满60周岁的城乡居民，一年内门诊急诊医疗费用累计超过500元的部分，三级医疗机构门诊急诊的报销比例为50%，二级医疗机构门诊急诊的报销比例为60%，一级医疗机构门诊急诊的报销比例为70%。而生育保险医疗费用的支付则是有上限的，不同地区的限额标准有所不同，低于限额标准的按实际发生费用支付，高于限额标准的，按限额标准支付，超出部分需由个人承担。以北京为例，根据2020年《北京市医疗保障局关于调整本市职工生育保险政策有关问题的通知》，产前检查费用按限额支付3000元；住院自然分娩的定额支付标准为：三级医院5000元，二级医院4800元，一级医院4750元；人工干预分娩和剖宫产手术的定额支付标准分别比自然分娩的定额标准高出200元和800元。

城市有工作单位的居民医保优势明显高于农村居民，而女性的就业率明显低于男性（尤其是在正规部门），所以即使是在城市中，男性的医保优势也明显高于女性。还有，在女性的生命周期中，由于生育和承担繁重生产、家务劳动的经历，以及她们倾向于对其他家庭成员投入更多关注而忽视了自己的健康问题，她们受慢性疾病折磨的可能性和年数要高于男性。但就目前的制度来看，扣除政府承担的部分后，男性和女性应负担的医疗保险费用比例是相同的，相对于收入情况和慢性疾病患病概率，女性的负担实际要重于男性，这直接导致老年女性的生活质量低于男性。如果没有一定的倾斜措施，看似"公平"的政策实则会对妇女产生不利影响。①

五、结论与建议

（一）结论

1. 从政府到民间组织对女性健康的关注点主要集中在女性生殖健康方面

2015—2020 年，在国家和政府的不断努力下，我国的妇幼保健网络在不断完善；孕产妇的死亡率不断下降，常见病筛查率和入院分娩率得到了提高，并且，一些省份已经完成了消除艾滋病、梅毒和乙肝母婴传播的目标。同时，国家更加重视妇女的健康问题，制定相关的规定来保障妇女的健康权益，但是仍然偏向于关注妇女的生殖健康。如 2016 年召开的全国卫生与健康大会，虽然将妇女健康问题纳入"十三五规划"，但是对妇女健康问题的关注点仍然集中在"孕产妇死亡率"和"优生优育"等问题上，对于妇女其他方面的健康问题并没有给予足够的关注。

另外，"两癌筛查"得到有力的推广的同时，也受到一定的限制和阻碍。比如，在农村地区，虽然基层卫生工作人员向农村妇女积极宣传和推广"两癌筛查"的项目，但是很多农村妇女觉得"让医生对自己的子宫和乳房进行检查是一件害羞的事情"，所以很多人即使知道宫颈癌与乳腺癌的危害，仍然不愿意去进行"两

---

① 欧晓鸥：《〈性别敏感的社会保障制度研究〉结项报告》，云南省社会科学院院级项目，2019 年，第 20 页。

癌筛查"。这种女性的"害羞",在很大程度上还是由于传统性别文化对女性的压抑导致的,所以,打破传统的性别文化偏见仍然是推进女性健康项目需要关注的关键点。

除去来自政府的努力,民间组织在关注妇女健康方面也有了一些新的突破。这些突破有的是随着新的妇女健康问题而产生的,比如针对女性如何应对被男性 PUA 的民间组织"小红帽"。但是这远远不够,因为从民间组织针对妇女健康的服务点来看,它们仍然是集中关注妇女的生殖健康,而对女性的心理健康问题、职业暴露问题等都没有给予很好的关注。

2. 对于新出现的妇女健康问题,社会关注度欠缺

当前,社会对许多妇女健康问题存在着明显的忽视,一些问题长期存在但被忽略,另一些则是新出现的问题,这些问题的主要根源在于性别不平等。这一现象对女性健康造成了严重威胁,并影响了她们获取健康服务的可及性。

虽然妇女心理健康问题并非新现象,但由于长期以来受到传统偏见的影响,心理问题并未被视为健康问题而较少受到关注。并且,近年来,女性在工作和家庭中承受的压力增加,妇女心理健康问题愈加突出。由于社会对女性的角色认知并未发生实质性改变,社会仍然将她们视为家庭照护责任的主要承担者。这导致许多女性同时面对着竞争激烈的工作和繁重的家务劳动,而男性则更容易逃脱家务劳动。在这一背景下,女性压力巨大却鲜少得到宣泄,心理健康问题一直未能获得充分关注。尽管婚姻家庭心理咨询服务已存在,但受传统观念和经济能力限制,女性往往无法或不愿求助。

除了工作和家庭压力,女性在亲密关系中受到男性控制或精神虐待的问题也日益突出,尤其是近年来出现的 PUA 现象。这一问题主要影响年轻女性,她们往往没有意识到自己受到了精神控制。这种现象的根源主要在于男女权力关系的不平等,使得男性视对女性的控制为理所当然。

同时,各行各业的女性都面临着职业暴露的危险,威胁着她们的健康。此外,消费主义和全球化与性别不平等结合,影响了女性对"美"和健康的认知和追求,使得女性健康在无意识中受到威胁。

另外,妇女健康服务的可及性仍然存在地域差距和贫富差距问题。城市有稳定收入和工作的女性通常能够获得更多的健康知识和医疗保障。农村女性获取健康服务的可及性较低,这一问题亟待关注和解决。

(二)建议

1. 社会性别倡导,为女性健康营造良好的性别平等环境

若想要女性的健康权利得到保证,最重要的是建设一个平等的社会性别环境,如果性别文化制度仍然是不平等的,那么女性的健康将会无形中受到威胁,也会降低女性获得健康服务的可及性。

笔者调研过程中就遇到过这样的案例:某边疆农村地区的女性肺结核感染率是男性的两倍,主要原因是此地区女性的营养水平低于男性，导致她们免疫力不足；还有就是该地区的女性文化程度明显不足，自我保护意识较弱；活动空间大多在不通风的室内，导致结核杆菌在她们之间更容易传播；肺结核耐药之后，需要支付昂贵的医药费，而农村合作医疗并不覆盖很多治疗耐药结核的药品。并且，当地人认为女性并不是家庭的支柱，所以丈夫或者婆婆往往都不会同意患病妇女进行长期的抗耐药治疗，导致女性长期患病。这些原因都导致了该地区的女性比男性更容易受到结核杆菌的威胁。

因此，我们要加强性别平等的社会倡导，提高从政府到社会各阶层民众的社会性别意识，从上到下树立起性别平等的观念，这是女性健康最好的保障。其次，要将性别平等、性别公正纳入国家健康政策的制定、修改与实施的全过程。从社会性别的角度审视、评估和修订以往的健康政策，加大医疗保险中妇幼保健的报销比例；修订《女职工劳动保护规定》，以保障市场经济体制下妇女的职业安全与健康。

2. 打破只关注女性生殖健康的传统观念，全方位多维度地关注女性健康

女性的健康权益应该贯彻在她的整个生命周期，从出生到青年到中年到老年，不同生命周期中的女性健康诉求是不同的，遭遇的健康问题也是不同的。因此，除了生殖健康，也要全方位多维度地关注女性的综合健康问题。

同时，还要关注不同群体的女性，如城市职业女性的心理压力问题、青年女大学生的性健康教育问题、中年女性的更年期问题等。

除此之外，不同地域的女性健康问题的差异与特点也是值得注意，比如农村妇女和城市妇女面临的不同健康问题；汉族妇女和少数民族妇女面临的不同健康问题等。

3. 努力缩小城乡差距和妇幼卫生发展的不平衡性

2015—2020年，虽然我国的农村合作医保已经大面积覆盖，乡级、村级的卫生院和卫生所的条件也得到改善，但是农村和城市仍然有一定差距，农村居民遇到大病和重病还是需要到城市里的省级医院才能解决，卫生院和卫生所大多只能解决一些常规的小病。有的农村妇女说："如果经济条件允许，我们还是要去大城市的医院生孩子，对卫生院还是有担心。"所以，接下来仍然应当加大对乡级、村级卫生院的投入。

首先，加强农村医疗卫生人员的培训，提高基层工作人员的专业能力，设立专门的妇幼保健工作人员服务妇女。目前，在很多的村级卫生所，工作人员很少，他们要负责处理卫生所的所有工作，包括给病人看病、打针、拿药，给老年村民做健康检查、宣传健康知识，甚至还要负责管理卫生所的账务。笔者采访过的村级卫生所工作人员说："我们是通才，什么都要干。"通才是被条件所迫，医疗方面的专才才能让病人放心，所以，对于村级的卫生所，应当多分配一些工作人员，设立专门的妇幼保健专员。

其次，提高农村医疗卫生人员的待遇，引进高学历人才到基层卫生院工作。据了解，在农村卫生所工作的医生每月的工资通常是2500元左右，但是他们每周的工作时间超过60个小时，周末都很少休息。笔者调研过程中,一个女村医说:"我们这里工作时间长,工作辛苦,待遇太低,很多高学历的年轻人都不愿意来。"所以,需要加大对基层卫生工作的投入,提高基层卫生工作人员的工资待遇,吸引更多的人才到基层服务,才能提高基层卫生工作的质量。

另外,增强农村贫困妇女保健服务的可及性,增加村级卫生站的建设,尤其是贫困地区卫生站的建设。在贫困的农村地区,通常是三四个自然村共用一个卫生站,而几个自然村之间相隔甚远,比如在云南的贫困地区,自然村与自然村之间隔着几座山,村民们到卫生所去看病时,需要翻山越岭,这在地理距离上就增加了农村居民看病的难度。

4. 发挥政府职能,加强各方合作

妇女健康领域的跨部门合作需要整合中央和地方、政府和社会组织的资源,建立有力的协调管理机制和服务机制,统筹规划,形成合力,共同推进妇女健康促进事业的发展。

面对不断涌现出来的新问题,需要各方面力量配合政府才能解决。比如,女性的心理健康问题和青少年的性教育问题,属于面广又细微的工作,需要调动民间组织配合,才能做到更全面了解妇女需求,从而解决问题。所以,需要建立以政府为主导,各方力量配合的工作机制,才能应对多样而复杂的女性健康问题。

第四章　基于性别的暴力

罗鸣

一、背景介绍

1976年至1985年的"联合国妇女十年"相关活动促使国际社会对性别暴力问题产生广泛而持续的关注。[①] 作为《消歧公约》最早缔约国之一，中国于1980年7月签署并批准了该公约，承诺采取一切适当办法，推行政策，消除对妇女的歧视与暴力。95世妇会通过了《行动纲要》，将"妇女与暴力"列为重点关注领域之一。时至今日，反对性别暴力的相关工作已经在中国开展数年，本章将基于中国性别暴力现状、结合联合国系统反对性别暴力工作的进展，对中国反对性别暴力工作（尤其是2015—2020年）做一梳理，总结经验、厘清问题，并尝试提出相关建议。

（一）联合国系统反对性别暴力的共识

1979年联合国通过了《消歧公约》，并于之后通过多个一般

[①] 参见荣维毅、林丽霞、张荣丽：《妇女与暴力》，载柯倩婷主编：《中国妇女发展20年：性别公正视角下的政策研究》，社会科学文献出版社2015年版，第87—110页。

性建议，为反对性别暴力制定了人权框架（1979 年）①，明确"对妇女的歧视"的定义包括"基于性别的暴力"（1992 年）②，强调多重脆弱性、交叉性和结构性歧视（2010 年）③等。95 世妇会《行动纲要》将"妇女与暴力"列为第四个重点关注领域，提出了消除性别暴力的战略目标包括："1. 采取综合措施预防和消除对妇女的暴力行为；2. 研究对妇女暴力行为的原因和后果，以及各种预防措施的效力；3. 消除贩卖妇女活动并援助卖淫和贩卖妇女所造成的暴力受害者。"

基于这样的共识，联合国各机构多年来也将消除性别暴力作为工作的价值原则和行动目标，从自身工作领域出发，关注不同领域和不同形式的性别暴力，并有针对性地梳理问题、提出建议。

1994 年 3 月，联合国人权理事会（前人权委员会）通过决议，任命一位暴力侵害妇女和女童问题特别报告员，向联合国提交年度专题报告。特别报告员向各国政府、各相关国际机构以及政府间组织与非政府组织，包括妇女组织，寻求和接收有关暴力侵害妇女和女童行为及其原因和后果的信息，并对此类信息做出有效

---

① 联合国：《消除对妇女一切形式歧视公约》，n.d.，[2024-09-28]，https://www.un.org/zh/documents/treaty/files/A-RES-34-180.shtml。

② United Nations, *General Recommendation No.19 (11th session,1992): Violence against Women*, 2003-12-31, [2024-09-28], https://www.un.org/womenwatch/daw/cedaw/recommendations/recomm.htm#recom19.

③ United Nations, *Committee on the Elimination of Discrimination against Women: General Recommendation No. 28*, CEDAW/C/2010/47/GC.2 (19 October 2010), 2010-10-28, [2024-09-28], https://www2.ohchr.org/english/bodies/cedaw/docs/cedaw-c-2010-47-gc2.pdf.

回应。①另外，人权理事会关注法律领域的性别暴力立法框架与司法救助②，并提出为暴力受害者提供保护是国家义务③。联合国教科文组织关注教育领域的性别暴力，并在其全民教育的框架下，纳入消除基于不同性别、性倾向和性别身份的校园欺凌的努力。④世界卫生组织关注性别暴力与卫生健康问题，系统性地从卫生健康视角报告诸如性暴力、伴侣暴力、儿童暴力、老年暴力等性别暴力现状及其与健康的关联。⑤儿童权利委员会关注针对儿童的性别暴力行为，在《儿童权利公约》及多个一般性意见中，明确缔约国有防止和处理针对儿童的性别暴力的义务，强调法律框架和执法工作的不足以及普遍的社会和文化观念及习俗对针对儿童的性别暴力的宽容是暴力产生的根源。⑥

联合国系统的共识与联合国各机构对相关共识的回应和跟进

---

① 联合国人权高级专员办事处：《暴力侵害妇女、其原因及后果问题特别报告员》，n.d.，[2024-09-28]，https://www.ohchr.org/CH/Issues/Women/SRWomen/Pages/SRWomenIndex.aspx。

② 联合国人权"在法律和实践中歧视妇女问题工作组"于2013年12月12日—19日访问中国，以评估中国在实现性别平等和促进与保护妇女人权方面取得的进展。这是联合国歧视妇女问题专家工作组首次到访中国。参见联合国：《联合国人权专家：改进法律与实践中歧视妇女 中国取得进展但仍有不足》，2013-12-24，[2024-09-28]，https://news.un.org/zh/story/2013/12/206512。

③ 联合国：《在暴力侵害妇女问题上以基于人权的方法提供综合服务和保护措施（侧重于庇护所和保护令）》（A/HRC/35/30），2017-06-13，[2024-09-28]，https://documents.un.org/doc/undoc/gen/g17/162/07/pdf/g1716207.pdf?token=48KhGk9PdPJvOmzOCw&fe=true。

④ United Nations Entity for Gender Equality and the Empowerment of Women, *Global Guidance on Addressing School-related Gender-based Violence*, 2016-12-07, [2024-09-28], https://www.unicef.org/documents/global-guidance-addressing-school-related-gender-based-violence。

⑤ 参见世界卫生组织：《世界暴力与卫生报告》，人民卫生出版社2002年版。

⑥ 儿童权利委员会：《第13号一般性意见书——儿童免遭一切形式暴力侵害的权利》，2011-04-18，[2024-09-28]，https://www.humanrights.cn/html/2014/6_1202/3478.html。

构成了目前反对性别暴力的重要国际基础与背景，即以人权框架为核心、以不平等权力关系和歧视性文化为外延、以交叉性为视角。国际层面的反对性别暴力工作仍在不断发展，其关注范围在不断扩大并且关注程度也在持续加深。

（二）联合国系统近年来的进展

近年来，联合国消除对妇女歧视委员会（以下简称"CEDAW委员会"）发布多个一般性建议，不断更新消除性别暴力的行动建议，加强全球反对性别暴力的行动力度，进一步明确与拓展了性别暴力的范围。2014 年，CEDAW 委员会发布的《消除对妇女歧视委员会第 31 号、儿童权利委员会第 18 号关于有害做法的联合一般性建议》指出，有害做法的根基是基于性、性别、年龄和其他理由的歧视，并常常借助各种社会文化、宗教习俗、价值观以及将歧视涉及某些弱势妇女和儿童群体的错误观念，将歧视合理化；有害做法通常和各种严重的暴力形式相关或其本身就是暴力侵害妇女和儿童的形式。其中，最为普遍、记载最多的是切割女性生殖器官、童婚及强迫婚姻、多配偶制、所谓名誉犯罪，以及因嫁妆引起的暴力。2015 年，CEDAW 委员会发布《关于妇女获得司法救助的第 33 号一般性建议》，指出性别暴力（以及交叉歧视、污名、有害风俗）使女性难以获得平等的司法救助，"因此，要确保可以获得司法救助，就必须具备六个相互关联的重要元素——可诉性、可得性、可及性、优良素质、向受害人提供补救措施和司法系统的问责制"。2016 年，CEDAW 委员会发布《关于农村妇女权利的第 34（2016）号一般性建议》，指出农村女性和女童更易遭受性别暴力，受性别暴力的影响更加严重，且缺乏诉诸法律的机会与资源，更难获得有效的法律救助；缔约国应通过意识提升、司法惩治、法律援助、综合服务以及保护人权行动者等措施，预防和消除针对农村女性的性别暴力。2017 年，《关于基于性别的暴力侵害妇女行为的第 35 号一般性建议，更新第 19 号一般性建议》，使用了更加精准的性别暴力定义，即"基于性别的暴力侵害妇女行为"，强调了暴力问题的社会性；指出性别暴力影响女性的整个生命周期，具有多种形式，在全球化背景下受到多重因素（文化、经济、意识形态、技术、政治、宗教、社会和环境）的影响；并明确提出"任何现行的宗教、习俗、土著和社区系统规范必须与《公约》的标准保持一致，必须废止构成对妇女歧视的一切法律，包括导致、推动或合理化基于性别的暴力行为的法律或对此类行为有罪不罚加以固化的法律"。2018 年，《关于女童和妇女受教育权的第 36 号一般性建议》以受教育的基本人权为出发点，全面分析了公共场所和网络中的性别暴力、学校中的性别不平等、虐待和性暴力，对女性特别是多元性别女性群体获得平等教育和学术职业参与的影响和制约。同年，《关于气候变化背景下减少灾害风险所涉性别方面的第 37（2018）号一般性建议》也将性别暴力作为具体关切的领域，并指出，"在灾害期间和灾害之后女性在遭受基于性别的暴力方面面临更高的风险"，"在灾害期间和灾害之后，还更可能发生家庭暴力、早婚和 / 或强迫婚姻、人口贩运和强迫卖淫"；并且交叉脆弱性使得残障女性在灾害期间和灾害之后面临着遭受基于性别的暴力和性剥削的特殊风险。

除CEDAW委员会之外，联合国大会及其他联合国机构或机制也持续推进对性别暴力的关注和反对性别暴力的努力。2015年9月25日，在联合国可持续发展峰会上，193个会员国一致通过了《2030年可持续发展议程》。议程呼吁各国采取行动，为今后15年实现17项可持续发展目标而努力。其中，目标五为"实现性别平等，增强所有妇女和女童的权能"，涉及性别暴力的具体目标包括"在全球消除对妇女和女童一切形式的歧视"，"消除公共和私营部门针对妇女和女童一切形式的暴力行为，包括贩卖、性剥削及其他形式的剥削"，"消除童婚、早婚、逼婚及割礼等一切伤害行为"。

2015年，联合国妇女署发布《反对针对妇女和女童的网络暴力》的报告，指出有73%的女性表示自己曾经历过某种形式的网络暴力，且该比例还随着新的信息技术的发展在不断增长。同时，18岁至24岁的青年女性更容易遭受网络性别暴力，除了身体受到威胁，还可能经历各种性骚扰。大多数受害者不会对此进行报告，这就使得网络性别暴力很难得到遏制。

2017年6月，人权理事会特别报告员发表专题报告，指出提供庇护所和颁布保护令是为受害女性提供保护与综合服务的关键要素，而在社会层面上，对暴力行为的宽容和正常化暴力行为主要是由于国家与政府不了解提供保护是国家义务、缺乏相关数据的搜集与讨论以及未能采用全面和整体性预防与治理措施。

联合国教科文组织发布多个相关报告、指南与指导纲要，明确了校园暴力和欺凌的普遍性，全面分析了各种校园暴力与欺凌的形式和根源，论证了男女学生的受暴差异以及多元性别学生的受暴严重性，列举了不同年龄段学生应当掌握的关于暴力与欺凌的知识与技能，并要求建立校园暴力的防治机制、加强数据收集工作等。①

从 2016 年开始，世界卫生组织年度统计报告每年更新并发布关于"伤害与暴力"（injuries and violence）的数据。2018 年年度统计报告②指出，在全球范围，约三分之一的女性（35%）遭受（过）身体暴力和/或性暴力，暴力加害者包括亲密关系伴侣和非亲密关系伴侣。2019 年年度统计报告指出，针对女性的性别暴力不仅广泛存在，并且带来了普遍的疾病与不健康风险。与暴力的男性受害者相比，大部分女性受害者是在私人领域受到来自熟人的暴力侵害；现有的独立调查数据和卫生人口数据表明，童婚在全球范围内有所减少，但是相关数据收集与分析的工作仍需加强。2020 年年度统计报告指出，已有至少 147 个国家收集了基于全部人口的亲密关系暴力数据（2011 年时是 87 个）；除继续申明世界卫生组织将继续与其他机构合作致力于反对性别暴力以外，该年度报告也提出，反对性别暴力需要全面的多部门合作机制，除了身体健康和精神健康服务，反暴力工作需要关注并应对暴力的

---

① 荣维毅：《消除一切形式对妇女的暴力——对近五年中国治理对妇女暴力行动的评估》，《山东女子学院学报》2020 年第 1 期。

② World Health Organization, *World Health Statistics 2018: Monitoring Health for the SDGs*, 2018-05-17, [2024-09-28], https://www.who.int/publications/i/item/9789241565585.

深层原因，包括性别不平等、社会经济不平等、默许暴力的社会规范等等。

2017年7月，联合国儿童基金会通过《2018—2021年性别平等行动计划》，制定了关于未成年女性福祉与赋权的五项优先目标："促进未成年女性的营养状况、孕期保健、预防艾滋病和人乳头状瘤病毒（HPV）"、"提升未成年女性的中学教育，侧重于支持她们学习科学、技术、工程和数学（STEM）"、"防止和应对童婚和早婚"、"促进方便和有尊严的经期卫生管理"以及"预防和应对性别暴力"。行动计划指出，性别暴力不仅使得女童遭受基于性别的歧视与伤害进而无法安全地成长并充分地发展，同时在几乎所有社会中暴力与男性气质的关联性也将男童置于易遭受暴力伤害的境地。

2019年6月，国际劳工组织通过了《暴力和骚扰公约》（第190号），指出"基于社会性别的暴力和骚扰不成比例地影响到妇女和女孩"，"劳动世界中的暴力和骚扰……阻碍人们，特别是妇女，进入和留在劳动力市场并取得进步"，其根本原因包括社会性别成见、多种交叉形式的歧视以及基于社会性别的不平等权力关系。公约呼吁各成员国"采取一种具有包容性、综合性和回应社会性别层面的方法来预防和消除劳动世界中的暴力和骚扰"。

2020年世界人口日的主题确定为"终止新冠肺炎疫情：当下该如何保障妇女和女童的健康和权利？"，即关注在卫生突发事件和人道主义危机期间的女性群体。联合国人口基金研究指出，针对疫情的相关措施将导致卫生服务的中断，女性的性与生殖健康服务被边缘化,并有可能发生众多基于性别的暴力事件。

从联合国各机构的近年工作进展可以看出,性别暴力问题已经引起了国际范围内各个领域的广泛关注,反对性别暴力已经成为联合国的基本立场与普遍共识,各领域也从自身专业角度出发,积极进行合作。这一系列工作明确了在反对性别暴力问题上的国家责任和义务,也指出应对性别暴力涉及诸多社会因素、交叉性歧视、基于性别的不平等权力关系以及基于性别、性倾向和性别表达的社会刻板印象与歧视性社会文化。

(三)国内性别暴力现状

自 1995 年北京世妇会以来,反对性别暴力也成为中国政府在消除针对妇女的歧视方面重要的工作方向。在工作实践中,性别暴力现状也是相关干预工作的重要背景。

1. 家庭暴力

即使是在《反家庭暴力法》立法之后,家庭暴力依然普遍存在。从 2016 年 3 月 1 日《反家庭暴力法》开始实施到 2019 年 12 月 31 日,据公安部统计,全国派出所共参与调处化解家庭矛盾纠纷 825 万余起,核发保护令数量逐年增加(2016 年 687 份、2017 年 1469 份、2018 年 1589 份、2019 年 2004 份)[①]。"因家庭暴力问题向法院申请解除婚姻关系"位列离婚原因的第二位,占离婚申

---

① 海南省妇联:《头条 | 反家庭暴力法实施四周年专访全国妇联、最高人民法院、公安部相关部门负责人》,2020-03-02,[2024-09-28],https://baijiahao.baidu.com/s?id=1660032635200664584&wfr=spider&for=pc。

请的14.86%，其中91.43%的受暴者为女性。仅见诸于媒体的涉及家庭暴力的命案就达942起，致死1214人（包括被祸及的邻居和路人）。其中确认死者为女性的达920人，占死亡人数的76%，也就是说平均每五天至少有三名妇女因家庭暴力致死。这还是在反家暴信息发布数量逐年减少的情况下，也就是说还有相当一部分的家庭暴力事件处于未报告、未报道或与一般家庭矛盾混淆不清的情况中。

弱势群体所面临的家庭暴力问题仍未获得足够的关注与治理。尽管多项调查研究发现，弱势群体更易遭受家庭暴力伤害，但他们受到媒体关注更少，能够获得的社会支持也更加有限。被报道的家暴事件仍然主要发生在城市，农村发生的家暴很少进入媒体视野；与成年女性相比，未成年人作为受害者的家庭暴力案件少有披露；与夫妻和同居伴侣相比，父母子女之间、近亲属之间以及追求阶段、恋爱阶段、分手或离异后的暴力问题较少获得关注；多元性别群体所遭受的家庭暴力既难以获得社会关注，也难以获得政策介入和支持。[1]

而另一方面，在制度建设方面，国家层面的强制报告还停留在幼儿园、留守儿童的范围，没有普遍覆盖所有未成年人，更没有覆盖成年的不具民事行为能力的家暴受害者；地方层面有关庇护和临时救助、监护权转移的具体实施要求的规定则几乎没有。在执行方面，个案经验表明，责任部门的工作人员仍然缺乏对家

---

[1] 为平妇女权益机构：《〈中华人民共和国反家庭暴力法〉实施四周年监测报告》，2020-04-29，[2024-09-28]，http://www.equality-beijing.org/newinfo.aspx?id=80。

暴的认知和处置能力；作为出台最早最多的配套政策，强制报告制度被使用的情况极为有限。尽管有相关庇护设施的设立，但有关部门并不主动向求助者提供庇护的信息并协助求助者使用庇护服务。法官核发保护令的证据标准过为严苛，拒绝受理保护令申请的情况屡见不鲜。涉及家庭暴力的民事案件中，法院对家庭暴力情况的认定比例很低；即使是在认定家庭暴力的情况下，有关对子女监护、财产分割的判决考量常常是依从"现状"，而不是从家暴受害者和幼儿的权利角度出发。①

2. 性暴力

性暴力问题依然严重。根据中国统计年鉴，2015年至2018年，每年公安机关立案的强奸案数量分别为29948件、27767件、27664件、29807件。考虑到性侵犯罪黑数②的存在，实际强奸案发生数量应该在每年20万件左右。婚内强奸在法理上仍存在争议，刑法原则上将在法定婚姻关系存续期间丈夫违背妻子的意愿、强行发生性关系的行为排除在强奸之外。只有当造成伤害后果或者有虐待等其他严重情节的，才以其他罪如故意伤害罪、虐待罪等论处。

根据中国司法大数据研究院发布的《校园暴力司法大数据

---

① 为平妇女权益机构：《〈中华人民共和国反家庭暴力法〉实施四周年监测报告》，2020-04-29，[2024-09-28]，http://www.equality-beijing.org/newinfo.aspx?id=80。

② 联合国毒品与犯罪办公室（UNDOC）持续跟踪了部分国家性侵犯罪黑数，是指未被官方掌握的犯罪数量。比如澳大利亚的性侵犯被害人报案率为32%，英国的性侵犯报案率为14%。考虑中国较为传统保守的性与性别规范，中国的性侵犯罪黑数可能更高，被害人报案率可能低于14%。

专题报告》,2015年全国各级人民法院一审审结的校园暴力案件1000余件、涉及近2000名被告人,2016年案件量同比下降16.51%、被告人人数同比下降24.59%,2017年案件量同比下降13.37%、被告人人数进一步下降6.78%。其中,因满足个人私欲进行抢劫、敲诈勒索、强迫卖淫、侮辱、强奸的案件占18.08%。57.5%的案件涉及故意伤害。涉及故意杀人罪的校园暴力案件有21.74%由感情问题引发。涉强奸罪和强迫卖淫罪的校园暴力案件中16—18岁未成年人占比最大,被认为标志着强奸和强迫卖淫的作案有年轻化趋势。另外,多元性别学生遭遇校园暴力的比例较高,研究发现,40.7%的多元性别大学生会因为性倾向和性别认同而在学校被叫难听的绰号,34.8%的人曾受到言语伤害,22.4%的人受到同伴孤立,6%的人受到过身体伤害的威胁[①]。

根据"女童保护"发布的《2019年性侵儿童案例统计及儿童防性侵教育调查报告》,2013年至2018年,每年媒体公开报道的儿童被性侵的案例分别是125起、503起、340起、433起、378起、317起。其中女童为最主要的受害者,比例高于90%。报道数量并不代表实际性侵儿童案例的发生数量,有地方检察院发布的数据显示,2019年前11个月,该市检察机关受理性侵未成年人案件就超过百件。熟人作案比例一直很高,最高比例达87.87%(2014年)。如果涉及家庭成员是作案者,受害人往往不敢声张,不敢报警维权。2019年,平均每起案例受害儿童2.68人,较2018

---

① 魏重政、刘文利:《性少数学生心理健康与遭受校园霸凌之间关系研究》,《中国临床心理学杂志》2015年第23期。

年的平均每起案例受害儿童人数（2.37人）有所上升。

3. 性骚扰

性骚扰长期存在于各类型劳动场所和公共场所。2005年一项涉及206名家政工的调查显示，6.3%的调查者在工作中经历过性骚扰，而由于许多人并没有签订正式的劳动合同，在传统性别规范带来的羞愧感以及缺乏信息和社会支持的情况下，她们选择保持了沉默或者仅仅选择了离职。①而近年来在网络平台上曝光或举报的性骚扰事件均显示出性骚扰的普遍性和严重性。广州性别教育中心2017年3月发布的《中国大学在校和毕业生遭遇性骚扰情况调查》显示，6592名高校大学生和毕业生中，69.3%的受访者表示遭受过不同形式的性骚扰。该中心2018年3月发布的《中国女记者职场性骚扰状况调查报告》显示，在接受调查的1762名记者中，超过83.7%的女记者遭受过程度不一、形式不同的性骚扰。

4. 拐卖与强迫卖淫

拐卖②犯罪在中国屡禁不止，尤其在贫困地区和流动人口集中的发达地区。根据中国统计年鉴，2015年至2018年，公安机关

---

① UN Women, *Sexual Harassment in the Informal Economy: Farmworkers and Domestic Workers*, 2020-09-04, [2024-09-28], https://www.unwomen.org/en/digital-library/publications/2020/09/discussion-paper-sexual-harassment-in-the-informal-economy-farmworkers-and-domestic-workers.

② 中国先后加入了2000年《打击贩运人口议定书》和2009年《巴勒莫议定书》，接纳了国际上的"人口贩运"概念，但目前我国刑法还是使用"拐卖妇女儿童罪"。"人口贩运"指为剥削目的而通过暴力威胁或使用暴力手段，或通过其他形式的胁迫，通过诱拐、欺诈、欺骗、滥用权力或滥用脆弱境况，或通过授受酬金或利益取得对另一人有控制权的某人的同意等手段招募、运送、转移、窝藏或接收人员。而拐卖妇女儿童罪是指拐骗、绑架、收买、贩卖、接送、中转妇女、儿童的行为。后者在行为类型、保护范围方面窄于"人口贩运"。但是鉴于国内统计口径仍主要采用拐卖概念，故本章中继续使用拐卖概念。

历年来立案的拐卖妇女儿童案数量为 9150 件、7121 件、6668 件、5397 件。2013 年至 2019 年，依法审理拐卖儿童、猥亵儿童、组织儿童乞讨等侵害未成年人的刑事案件 28975 件。"采取偷盗、强抢、诱骗方式实施拐卖儿童犯罪的发案数量明显下降，大部分被拐儿童系被亲生父母出卖或遗弃，继而被'人贩子'收买、贩卖；拐卖妇女迫为'人妻'的犯罪仍时有发生，拐卖、拐骗妇女强迫卖淫的犯罪日益突出，特别是一些不法分子与境外人员相互勾结，拐卖、拐骗外籍妇女的犯罪在部分地区有增多趋势"[1]。

5. 与生育相关的性别暴力

根据国家统计局的数据，我国的出生性别比已经由 2004 年的峰值 121.2（每出生 100 名女婴，则出生 121.2 名男婴）逐步下降，但比值仍高于世界卫生组织所公布的自然出生性别比 105 左右。2015 年数值为 113.5，2016 年数值为 113.4，2017 年数值为 111.9。考虑到 2015 年我国开始实行"全面两孩"政策，即不论父母是否为独生子女，每对夫妻均可生育两名子女，所以出生性别比的降低在多大程度上是政策原因或是"重男轻女"的生育规范有所松动，暂时难以定论。

而根据 2010 年中国人口普查资料[2]，2009 年 11 月 1 日至 2010 年 10 月 31 日间，全国出生性别比为 121.21，其中，一胎性别比

---

[1] 中国最高人民法院网：《最高法院发布惩治拐卖妇女儿童犯罪典型案例》，https://www.court.gov.cn/zixun-xiangqing-13550.html。

[2] 国家统计局：《中国 2010 年人口普查资料》，n.d.，[2024-09-28]，https://www.stats.gov.cn/sj/pcsj/rkpc/6rp/left.htm。

为 113.73，二胎性别比为 130.29，三胎性别比则高达 161.56。这一时期是在（2010 年 1 月 6 日）国家人口计生委下发的《国家人口发展"十二五"规划思路（征求意见稿）》提到要"稳妥开展实行'夫妻一方为独生子女的家庭可以生育第二个孩子'的政策试点工作"与（2011 年 11 月）全国全面实施"双独二孩"政策之间。也就是说，在有可能生育二胎的条件下，一胎性别比与二、三胎性别比之间的显著差异更加明确地体现了家庭生育男孩的偏好。这一生育偏好在全面开放二孩之后是否发生改变，可能可以在更新的人口普查数据中得以体现，而目前这一数据还是缺乏的。

6. 针对多元性别人群结构性歧视与暴力

对于多元性别人群的关注是国际社会反对性别暴力运动在近期的重要进展之一，体现了对于多重脆弱性、交叉性问题在理念和实践层面的重视。但在我国，目前仍然缺乏明确保护多元性别群体平等权利并使其免于歧视的法律、法规或政策。从多元性别人群所处的制度结构和社会环境来看，家庭对多元性别人群的接纳程度很低。学校普遍缺乏多元性别教育，缺乏友善的校园环境和教育资源，多元性别人群肄业、退学或辍学的比例高于非多元性别人群。工作单位极少会有关于多元性别相关知识的职业培训，亦少有平等对待多元性别员工的明文规定。在家庭、学校、职场以及宗教生活中，多元性别人群最常遭受的歧视包括"被提醒注意言行或形象"、"被要求改变衣着打扮和行为举止"以及"语言攻击"。在公共卫生领域，"恐艾"情绪仍普遍存在于医疗人员队伍，HIV 携带者无法获得平等的医疗服务，农村地区 HIV 相关服务的可及性较低，跨性别者在获取医疗服务和相关社会服务时遭遇较多困难，针对性倾向、性别认同和性别表达的"扭转治疗"时有发生。公共认知方面，许多人仍然认同男同性恋艾滋病标签，介意在生活中与多元性别人群来往，认为多元性别群体不适合养育孩子。①

7. 网络性别暴力

网络性别暴力作为一种新的暴力形式逐渐发展起来，受害者不仅仅是成年人，也包含数量庞大的未成年人群体。网络性别暴力一方面指的是"针对女性的网络暴力，即一些网民（通常为男性）利用电脑、智能手机等工具（反复）在互联网上向女性受害者发送含有折磨、骚扰、威胁、羞辱等内容的信息，或者将女性私密、敏感信息等通过（移动）互联网广为散播，意图伤害受害人或使受害人感到难堪的行为"②；另一方面也包括利用网络招嫖、骗奸，利用裸照控制和恐吓的针对不同性别人群的不法行为。

2019年11月，最高人民法院发布《司法大数据专题报告：网络犯罪特点和趋势》。报告显示，网络犯罪案件呈逐渐上升趋势，2016年至2018年，全国各级法院一审审结网络犯罪案件共4.8万余件，2018年案件同比升幅为50.91%。其中，2.21%的网络犯罪案件涉及"制作、复制、出版、贩卖、传播淫秽物品牟利"。2016

---

① 联合国开发计划署：《中国性少数群体生存状况——基于性倾向、性别认同和性别表达的社会态度调查报告》，2016-05-16，[2024-09-28]，https://www.cn.undp.org/content/china/zh/home/library/democratic_governance/being-lgbt-in-china.html。

② 陈亚亚：《消除网络性别暴力，各国在行动》，《中国妇女报》2017年8月16日。

年最高人民法院信息中心发布的《司法大数据专题报告：性侵犯罪》显示，网友关系是受害人与被告人最主要的关系，受害人与被告人大多是通过网络社交平台认识的。

根据"女童保护"《2019 年性侵儿童案例统计及儿童防性侵教育调查报告》，基于网络交往关系的性侵占到一定比例。2019 年的熟人作案案例中，网友作案占 9.91%。网络案件极具隐蔽性，老师和家长一般不易察觉。而未成年人由于有畏惧心理，即使发觉受到侵害通常也不会主动告诉老师和家长，使得这类网络暴力案件平均案例受害人数较多，被发现的案例中甚至有几十人受害。另外，通过网络传播以儿童为对象的色情制品的案例也逐年增多，构成了利用网络对未成年人进行性别暴力的严峻态势。

8. 有害习俗

基于新兴通讯技术的未成年人网络晒娃，争当"全网最小妈妈"引发了社会关注，也从侧面体现了童婚早育的严重性以及文化默认。根据人口普查数据，2010 年我国男性早婚率为 16.60%、女性早婚率为 10.85%。20 岁以下各个年龄段，女性的早婚率均高于男性。与 1990 年、2000 年相比，2010 年，部分地区早婚率不降反升。其中安徽的情况最不乐观，与 10 年前相比，该地区男性早婚率上升了 6.22 个百分点，女性早婚率上升了 0.74 个百分点。早婚主要发生在农村地区，乡村男女早婚率分别为城市的 2.8 倍和 3.3 倍。也就是说，与男性相比，女性尤其是农村地区的未成年女性更有可能因为童婚早育而无法完成义务教育、过早离开学校、中断个人资本积累，进而增加成年后经济依赖、社交孤立以及遭受性别暴力的风险性。

二、中国反对性别暴力的工作：进展与问题

（一）反对性别暴力的政治承诺

中国政府反对性别暴力的工作与前文所述国际背景密切相连，相关工作的展开和推进也与国际进程相联系。[①]

2015年9月，习近平主席在全球妇女峰会上讲话，指出："妇女权益是基本人权"，"各国各地区妇女发展水平仍然不平衡"，"面对恐怖和暴力肆虐，妇女也深受其害"，应努力"消除对妇女的歧视和偏见"，"消除一切形式针对妇女的暴力"。

2016年9月，时任总理李克强在联合国总部主持召开"可持续发展目标：共同努力改造我们的世界——中国主张"座谈会，针对联合国《2030年可持续发展议程》，发布《中国落实2030年可持续发展议程国别方案》，提出中国落实议程的总体原则、实施路径和落实方案。其中，目标五为"实现性别平等，增强所有妇女和女童的权能"，具体包括"消除公共和私营部门针对妇女和女童一切形式的暴力行为，包括贩卖、性剥削及其他形式的剥削"，"消除童婚、早婚、逼婚及割礼等一切伤害行为"。

2011年国务院发布了《中国妇女发展纲要（2011—2020年）》和《中国儿童发展纲要（2011—2020年）》，其治理暴力的主要目

[①] 荣维毅：《消除一切形式对妇女的暴力——对近五年中国治理对妇女暴力行动的评估》，《山东女子学院学报》2020年第1期。

标包括：严厉打击强奸、拐卖妇女和组织、强迫、引诱、容留、介绍妇女卖淫等严重侵害妇女人身权利的犯罪行为；预防和制止针对妇女的家庭暴力；预防和打击侵害儿童人身权利的违法犯罪行为，禁止对儿童实施一切形式的暴力。

2016年，国务院发布了第三期《国家人权行动计划（2016—2020年）》，在妇女权利部分提出：（1）贯彻落实《反家庭暴力法》，完善预防和制止家庭暴力多部门合作机制，鼓励和扶持社会组织参与反家庭暴力工作；（2）落实《中国反对拐卖人口行动计划（2013—2020年）》，有效预防和依法打击拐卖妇女犯罪行为；（3）预防和制止针对妇女的性骚扰。在儿童权利部分提出：（1）预防和制止校园暴力；（2）依法打击拐卖、虐待、遗弃儿童，利用儿童进行乞讨，以及针对儿童的一切形式的性侵犯等违法犯罪行为。

2017年，教育部在对十二届全国人大五次会议第6701号建议的答复中明确提出："防治包括性别暴力在内的校园欺凌与暴力，需要综合施策、久久为功，也是教育部常抓不懈的重点工作内容"，并说明"教育部将积极配合有关部门，加强综合治理，强化防治学生欺凌和暴力各项制度的落实"。

近年来，中国治理性别暴力的政治承诺也体现了对弱势群体的关注，如在2015年12月联合国禁止酷刑委员会对中国履约报告的审议和2018年11月联合国人权理事会对中国人权状况的审议过程中，中国政府代表表示中国多元性别人群受法律保护，不会因性倾向被歧视；中国不认为多元性别人群为精神病人或要求对其进行扭转治疗，中国尊重他们的隐私和家庭。

（二）反对性别暴力的立法推进和政策进展

中国干预与治理性别暴力的相关工作主要可以分为立法、司法实践、政府行动和社会救助几个部分。本部分也将从这四个方面，介绍中国2015—2020年在干预治理性别暴力方面的工作进展。

1. 立法

中国在立法层面治理性别暴力的工作进展主要体现在三个方面。第一，修改已有法律体系中针对性别暴力相关法条的不足之处，加大已有法律法规遏制和惩处性别暴力的力度。2015年8月通过、11月1日施行的《中华人民共和国刑法修正案（九）》，取消了嫖宿幼女罪，规定与不满14周岁幼女发生性行为的一律按强奸罪处理，相关案件在一定条件下可由自诉转化为公诉。另外，此修正案也规定，对买卖妇女儿童的行为一律按犯罪处理。《民法典》在第1010条规定了性骚扰的认定标准，以及机关、企业、学校等单位有防止和制止性骚扰的义务。2020年10月17日修订通过、2021年6月1日正式施行的《未成年人保护法》，明确建立了性侵等违法犯罪人员信息查询制度。并通过明确部门责任，建立了预防性侵害、性骚扰未成年人工作制度；同时，回归"监护人是第一责任人"的未成年人保护协调机制。

第二，建立针对具体性别暴力类型的专门法律，健全法律层面对性别暴力的治理范围，使长期存在却一直"无法可依"的性别暴力得到更有针对性的司法干预。2015年12月，全国人大常委会通过了《中华人民共和国反家庭暴力法》，对家庭暴力的定义、表现形式、预防和处置机制、受害人救助、适用范围等做出法律规定。

第三，对新出现的性别暴力现象及时做出立法上的回应与应对。2016年11月，全国人大常务委员会通过了《中华人民共和国网络安全法》，规定不得利用网络传播暴力、淫秽色情信息，从事侵害他人名誉、隐私等活动。

2. 司法实践

相应地，司法实践也在立法工作推进的基础上，进一步从制定具体法规、发布指导性意见/建议/解释/措施、处理相关案件等方面对性别暴力进行干预与治理。

为更好地加强对未成年人的司法保护，2015年5月最高检印发了《检察机关加强未成年人司法保护八项措施》的通知。此外，最高法、最高检通过发布典型案例规范指导儿童少年性侵案件的处置。2018年11月最高检发布第十一批指导性案例，均为性侵、虐待未成年人违法犯罪案件。[①] 2019年7月24日最高法发布四起性犯罪典型案例，即《最高人民法院发布性侵害儿童犯罪典型案例》。[②] 2019年7月27日最高法案例研究院发布未成年人权益保

---

① 中国最高人民检察院网：《最高检发布第十一批指导性案例剑指侵害未成年人权益犯罪，最高检向教育部发出检察建议推动校园安全建设》，2018-11-18，[2024-09-28]，https://www.spp.gov.cn/xwfbh/wsfbt/201811/t20181118_399386.shtml#1。

② 中国最高人民法院网：《最高法：对性侵害儿童犯罪性质情节极其恶劣、后果极其严重的坚决依法判处死刑》，2019-07-24，[2024-09-28]，https://www.court.gov.cn/zixun/xiangqing/173202.html。

护与少年司法制度创新典型案例,包括校园性侵、培训机构教师性侵和组织未成年人在娱乐场所从事陪侍等违法活动。[①]2016年6月浙江慈溪市检察院联合法院、公安局出台了《性侵害未成年人犯罪人员信息公开实施办法》。2019年5月上海市委政法委联合检察院、法院、公安局、司法局等16家单位出台了《关于建立涉性侵害违法犯罪人员从业限制制度的意见》,为我国首创。2019年1月至11月,全国各级法院一审审结猥亵儿童罪案件共4159件。

针对拐卖妇女、儿童犯罪,2016年最高法发布了《关于审理拐卖妇女儿童犯罪案件具体应用法律若干问题的解释》。公安部2016年建立了"团圆"打拐系统,帮助被拐儿童与家人团聚。另外,我国司法公安部门与柬埔寨、缅甸、老挝、越南、泰国五国合作,开展联合打拐行动;2018年11月中泰两国签署了中泰政府间《关于合作预防和遏制拐卖人口的谅解备忘录》,旨在及时摧毁犯罪团伙、解救被拐骗强迫卖淫的妇女。

针对性骚扰问题,2018年12月最高法发布了《关于增加民事案件案由的通知》,在"侵权责任纠纷"中增加了"性骚扰损害责任纠纷",以解决性骚扰案件立案难、受害人诉讼救济等问题。2019年8月,上海铁路检方首次以涉嫌强制猥亵罪批捕一名在轨道交通内多次伸出"咸猪手"的男子。

针对家庭暴力问题,2015年3月最高人民法院、最高人民检

[①] 央广网:《最高法案例研究院发布涉未成年人权益保护典型案例 聚焦未成年人权益保护与少年司法制度创新》,2019-07-27,[2024-09-28],https://china.cnr.cn/xwwgf/20190727/t20190727_524708633.shtml。

察院、公安部、司法部联合发布了《关于依法办理家庭暴力犯罪案件的意见》。自2016年3月1日《反家庭暴力法》实施至2018年年底，全国法院共发出3563份人身安全保护令。① 2015年6月至2017年4月，中国应用法学研究所研究员陈敏作为专家证人，先后为浙江温州、安徽马鞍山、四川华蓥、云南楚雄等地因长期被家暴而实施"以暴制暴"妇女的家暴案件出庭作证，维护了受暴妇女的合法权益。

针对校园欺凌问题，2018年10月最高检向教育部发出检察建议书，对校园性侵害防治提出建议。2018年8月杭州西湖区人民检察院和教育局联合会签《关于建立校园性骚扰未成年人处置制度的意见》，要求发现性骚扰事件须在6小时内报告、24小时内开展调查或向公安机关报案。2019年9月四川省人民检察院与省公安厅、教育厅、民政厅、团省委五部门会签出台了《关于做好预防未成年人遭受侵害工作 促进"平安校园"建设的意见》，规定强制报告义务及有性侵前科者不得担任教职人员等。

网络暴力现象日益受到社会和法律界的高度关注，公安部门积极采取整治行动。2018年新华网公布的"扫黄打非"十件大事中，包括迅速处置"邪典"视频等涉及儿童色情信息网络专项整治、开展打击淫秽色情和低俗信息及教育类APP专项整治。全国公安机关开展"净网2018"专项行动处理的典型案例中，也包括

---

① 中国法院网：《为社会建设奠基 为幸福生活护航——人民法院家事审判方式和工作机制改革综述》，2018-07-20，[2024-09-28]，https://www.chinacourt.org/article/detail/2018/07/id/3398212.shtml。

利用网络组织招嫖、传播淫秽物品等案件。

另外，司法实践也在一定程度上体现了我国在治理性别暴力的过程中对于多重脆弱性、交叉性问题的重视。2018年10月最高法印发了《关于为实施乡村振兴战略 提供司法服务和保障的意见》，加大对农村空巢老人和妇女的保护，旨在打击虐待、遗弃、强奸、猥亵、拐卖、收买、诈骗老人和妇女的犯罪行为。

3. 政府部门的行动

在国家司法机关推进相关工作的同时，各行政部门也积极履行其在治理性别暴力工作中的职责，通过制定和执行一系列政策、指令或计划，实现了对相关行政工作的领导、组织与管理。

针对性骚扰问题，教育部2018年11月分别印发高校、中小学、幼儿园《新时代教师职业行为十项准则》通知，要求各级学校把好教师入口关，落实学校主体责任；对有性骚扰等侵害学生行为的清除出教师队伍，涉嫌违法犯罪的移送司法机关。2012年4月国务院颁布的《女职工劳动保护特别规定》涉及工作场所性骚扰防治，至2018年，各省级政府相继出台贯彻实施该条例的办法或规定，均有防治工作场所性骚扰的内容。

针对家庭暴力问题，2015年6月中共中央办公厅、国务院办公厅印发了《关于完善法律援助制度的意见》。2018年3月全国妇联权益部发布了《妇联组织受理家庭暴力投诉工作规程（试行）》。自2016年3月1日《反家庭暴力法》实施至今，我国大部分省人大常委会都出台了实施《反家庭暴力法》条例或办法。另有湖南、黑龙江、江西、云南、甘肃、湖北等省先后出台了多机构合作实施《反家庭暴力法》的具体措施，涉及强制报告和告诫制度等。

针对校园欺凌问题，2016年4月国务院教育督导委员会发布了《关于开展校园欺凌专项治理的通知》，在全国中小学校及中等职业学校开展校园欺凌专项治理行动。2016年11月，教育部等9部门出台了《关于防治中小学生欺凌和暴力的指导意见》；2017年12月，教育部与中央综合治理办公室、最高法、最高检等11部门联合印发了《加强中小学生欺凌综合治理方案》，强调健全防治学生欺凌的规章制度、工作体制的长效机制。2018年11月12日，广东省教育厅等13部门联合印发了《加强中小学生欺凌综合治理方案的实施办法（试行）》。2018年12月，教育部出台了《关于进一步加强中小学（幼儿园）预防性侵害学生工作的通知》。

针对网络暴力问题，2016年7月，交通运输部、工信部等7部门联合发布了《网络预约出租汽车经营服务管理暂行办法》，对网约车平台公司以及网约车驾驶员的从业资格做出要求，以应对多起女性被网约车司机奸杀事件，以及基于网络和新的通讯技术所产生的新的性别暴力类型。广州市政府、北京市交通委员会分别于2016年11月、12月发布了《广州市网络预约出租汽车经营服务管理暂行办法》《北京市网络预约出租汽车经营服务管理实施细则》。2018年5月，交通运输部发布了《出租汽车服务质量信誉考核办法》，加强对网约车驾驶员从业资格把关和作业过程的监管。

另外，农村留守儿童、困境儿童、辍学儿童等弱势群体的多重脆弱性问题在行政干预过程中也有一定的针对性措施。2016年

11月，民政部加强对留守儿童的关注，首次对外发布我国农村留守儿童摸底排查数据。2017年9月，国务院办公厅发布了《关于进一步加强控辍保学　提高义务教育巩固水平的通知》，各省人民政府先后出台了贯彻该《通知》的文件。2019年7月，中共中央国务院发布《关于深化教育教学改革　全面提高义务教育质量的意见》，在义务教育框架内实施"控辍保学"，防止早婚。2019年4月，民政部联合教育部、公安部、司法部、财政部等10部门发布了《关于进一步健全农村留守儿童和困境儿童关爱服务体系的意见》。

4. 社会救助

社会救助，指国家和社会给陷入生存困境的公民提供财物接济和生活扶助。在本章中，社会救助指的是在治理性别暴力问题上，政府部门为因暴力或尝试摆脱暴力而陷入生存困境的受害者提供综合服务，以帮助他们摆脱暴力环境、实现个人赋能。但这方面的工作进展在信息检索过程中收获较少，相关工作有2015年9月，民政部、全国妇联发布了《关于做好家庭暴力受害人庇护救助工作的指导意见》。2015年以来，妇联系统为受暴妇女儿童提供救助/庇护机构2009个，救助/庇护妇女儿童近9200人次。[①]

（三）反对性别暴力工作中仍然存在的问题

尽管中国承诺采取一切适当办法，通过法律法规和政策文件

---

① 国家统计局：《〈中国妇女发展纲要（2011—2020年）〉中期统计监测报告》，2016-11-03，[2024-09-28]，https://www.stats.gov.cn/sj/zxfb/202302/t20230203_1899316.html。

的制定与实施，消除对妇女的歧视与暴力，同时为治理性别暴力也做了大量的实际工作，但现实中不同类型、不同领域的性别暴力依然较为普遍地存在，并随着社会与技术的发展呈现出新的特征。除了具体工作经验的欠缺和工作手法的滞后，更加宏观的影响因素也导致了反对性别暴力工作仍存在不足。

1. 对歧视与暴力的关系认知不足，对暴力的伤害及影响认知不足

尽管中国治理性别暴力的总目标之一是"消除对妇女和女童一切形式的歧视和偏见"，但尚未按照《消歧公约》的要求定义对妇女的歧视。《消歧公约》第 19 号一般性建议指出"基于性别的暴力是严重阻碍妇女与男子平等享受权利和自由的一种歧视形式"，第 35 号一般性建议指出"由于妇女蒙受着各种交叉出现的歧视，产生了严重的负面影响"。因此，缺乏对性别歧视的全面定义，势必影响对性别暴力的全面认知与对策。我国"缺乏全面的国家立法禁止暴力侵害妇女行为"，同时忽视多重脆弱性、交叉性和结构性歧视与暴力，对处于交叉歧视下的各类弱势群体遭受暴力状况不敏感。例如，《国家人权行动计划（2016—2020 年）》只在妇女和儿童权利部分论及性别暴力治理，在少数民族、老年人、残疾人部分只笼统提到"权益保障"，未涉及性别暴力。[①] 另外，相关工作进展梳理也反映出，对多重脆弱性或交叉性的关注基本局限于农村留守老人、妇女和儿童，对其他弱势群体缺乏足够的关注

---

① 荣维毅：《消除一切形式对妇女的暴力——对近五年中国治理对妇女暴力行动的评估》，《山东女子学院学报》2020 年第 1 期。

与认知。

2. 立法行政层面的制约与不足

已有的法律对性骚扰、婚内强奸、校园性暴力等仍未有明确规定，因而在司法实践中充满争议。有些保护女性权益的法律条文缺乏有效的执行和监督机制。按人群和责任主体分类治理性别暴力的模式使得相关机构之间缺乏共识、机构内部缺乏统一认知和行动。

针对暴力受害者的综合性社会服务体系尚未建立或健全，服务、救治、保障、庇护、援助等方面虽然有一部分的制度"硬件"建设，但缺乏"软件"执行与可持续发展措施。上文中社会救助的相关信息可以从侧面反映出治理性别暴力的综合性服务体系的缺失。在目前的工作实践中，庇护所主要依赖各地妇联的支持，这就导致庇护所质量参差不齐，"有些有地，有些有人"；庇护所工作理念仍然是管理而非服务，缺乏服务精神的庇护所少有人求助，逐渐走向空置、投入高于回报的境况。

3. 传统性别规范、性别刻板印象等观念影响

在社会结构上，女性在政治、经济、文化、社会及家庭等各个领域中的地位仍然较低，基于性别的歧视不断强化巩固着女性的从属地位，使得女性成为各种形式性别暴力的绝大多数受害者。

社会舆论与相关机构对性别暴力缺乏社会性别敏感性，对遭受性别暴力的受害者缺乏认知与理解，指责受害者尤其是指责性暴力受害者的现象仍然大量存在，导致许多遭受性别暴力的受害者不愿、不敢或不会求助，从而使得大量的暴力事件未被及时报告、未获得有效干预。

三、民间反对性别暴力的行动与贡献

（一）民间组织反对性别暴力的概况

民间组织反对性别暴力的行动主要体现在政策倡导、宣传教育、咨询培训、开展直接服务、调查研究、联合行动等方面。在政策倡导上，民间组织不仅汇集多方经验和智慧，为法律法规公开征求意见稿、法律草案、提案、议案等积极建言献策，并且开展对边缘化议题、弱势群体或尚未获得社会关注的性别暴力相关议题的倡导、宣传与教育，如老年人群、残障人群、农民工群体的性别暴力问题。民间力量关注的相关议题不仅覆盖范围更广，讨论和实践的程度也更加深入，特别是运用人权框架、社会性别结构、多元性别及交叉性歧视视角，开展了有针对性的性别暴力治理工作。另外，民间组织虽然在直接服务方面资源较少且覆盖范围有限，但是其服务方式具有先导性、探索性，有的服务经验具有可复制性，并在动员政府多机构合作，搭建专家、政府、民间组织合作平台，动员普通公众和社会力量方面积累了不少的实践经验。

（二）民间组织参与性别暴力治理
1. 实务工作
民间组织参与性别暴力治理的实务工作呈现出专业化和合作

化特点。

在直接干预方面,湖北省监利县公安局法制大队队长万飞基于多年警察工作的专业经验,于2014年成立了监利县蓝天下妇女儿童维权协会,结合协会招募到的专业资源和志愿者力量,为家暴受害者提供为数不多的直接干预。该协会一方面为受害者在报警、搜集证据、法医鉴定等方面予以具体指导,另一方面参与制定家暴警情处理规范,组织多场民警培训,确定了书面化处置家暴警情的规范。同时,作为桥梁性平台,协会将公安与妇联联动起来,向妇联分享家暴警情。协会于2015年在省、县妇联资助下开展了"万家无暴"反家暴项目,探索"妇联+公安+社会组织"的反家暴联动模式,组织动员包括心理、法律、社工等多方面的志愿者参与反家暴工作。

在服务咨询方面,法律服务与咨询是民间组织比较主要的工作领域。例如,北京市千千律师事务所基于专业律师队伍向包括妇女、儿童、老年人、残障者、农民工、多元性别群体在内的弱势群体提供公益法律服务。2019年,千千律所通过来电、来访、来信、网络、普法等多种方式,无偿接待全国各地各类法律咨询服务1300余件,其中,针对妇女和女童的性别暴力类咨询占有相当大的比重,家庭暴力(包括相关杀夫个案)、职场性骚扰/性侵犯、校园性骚扰/性侵犯这些社会热点议题也是千千律所收到的法律咨询、法律援助需求相对较多的领域。除了办理典型案件和参与公益诉讼,千千律所还通过培育试点、个案研讨会、专家论证会、专题研讨会等形式,向立法、执法、司法、劳动、民政、卫生等政府职能部门,向妇联、社区、律师、基层法律工作者等不同层面相关工作者开展性别意识及法律知识培训、宣传和教育。

在培训赋能方面,民间组织的参与实践能够比较突出地体现合作化的特点。2016 年,中国婚姻家庭研究会与国际移民组织合作开发了"增强留守儿童及其农民工家长防范拐卖风险意识项目",为流动人口这一弱势群体有针对性地开发新的宣传品和传播活动,预防留守儿童被拐卖,并提高留守儿童对被拐风险及其他风险的敏感度。国际移民组织在人口流动和社交媒体宣传方面的专业知识与实践经验为该项目提供了支持和借鉴。并且,中国婚姻家庭研究会于 2016 年年底邀请公安部、民政部、国家卫计委、全国妇联等相关部门,以及来自江苏、广东、安徽等 7 省市妇联、公安、民政、关工委和社会组织工作人员进行能力建设培训。2011 年成立、2015 年正式注册的北京市东城区源众家庭与社区发展服务中心(以下简称"源众")基于专业化的专家顾问团队(包括法律、心理、社工等领域),在法律法规倡导、社区法律环境建设等方面开展工作。2014 年,源众开通"受暴妇女儿童法律帮助热线",通过支援律师团队力量,开展针对个案的直接服务。2016 年起,源众开始开展受暴妇女支持小组活动,以团体辅导的方式,通过心理专家和专业工作者的协作,激发受暴妇女的潜能,以完成创伤疗愈和个人赋权。2018 年,源众通过项目合作的形式,借助社工专家和专业工作者的力量,开展对民间妇女维权组织的培训工作,促进组织能力的提升。

2. 与政府的互动

与政府的互动和联合行动促进和深化了民间力量参与性别暴力治理的实践。民间组织在如何有效地与政府互动这一关键问题上，逐渐发展出自己的工作逻辑。

第一，在机构性质上符合政府要求，政府向民间组织购买服务时需要民间组织在机构性质上达到一定标准，才能使得政府资源有效流动到民间组织中。深圳鹏星家庭暴力防护中心之所以能够承接多个政府购买服务项目，是因为该中心取得了社会组织的资质、进入当地民政局的购买服务评审名单并且于2018年完成了慈善组织的认定，在机构性质上完全匹配了政府的相关要求。

第二，在需求上与政府匹配，将组织的工作目标与政府治理目标相结合，发展出"政府愿意掏钱购买"的工作框架。深圳鹏星家庭暴力防护中心发现，当地某区某年的命案超过50%发生在亲密关系或家庭关系之中，于是将反家暴工作与"民转刑案件的防控"结合起来，将私人领域原本不受重视的暴力问题与导致人员伤亡的刑事案件结合起来，使反对家庭暴力成为防控民转刑案件的关键点。这种结合当地发展模式和文化模式的工作框架获得了政府的支持与投入。

第三，在工作内容上，通过"主流化"模式，以"一站式"服务为目标，协同政府工作。深圳春风应激干预服务中心配合检察院工作，为检察院工作中的未成年人个案提供心理援助工作，使未成年人个案在检察院除了能够获得司法援助与服务，还能够获得基于个案具体情况的心理测评与相应的辅导。

3. 多部门联合行动

多部门联动已经被普遍认为是治理性别暴力更为有效的工作模式，但是如何有效实现多部门联动却是治理工作实践中的难题。我们发现，在一定程度上具备多部门联动性质的治理实践有这样的几个特点：

第一，由"实权"部门牵头，担任领导角色。深圳的反家暴工作领导小组的牵头部门是政法委，而领导小组办公室则放在妇联，虽然妇联主要做了沟通联动协调的工作，但领导小组工作开展是在政法委框架之中，从而能够通过政府平级之间的对话产生合作与联动的可能性，以及通过上下级之间的问责关系使暴力干预与服务工作落到实处。在源众与地方妇联及有关部门开展的试点研究项目中，湘潭出台了全国首份、由地方多个部门联合发布的治理家庭暴力地方性实施办法——《关于依法处置家庭暴力案件的实施办法（试行）》，该试点性文件也是由地方政法委牵头制定的。

第二，相关部门或机构拥有并使用共同的信息平台或中心。深圳宝安区搭建了包含公安、民政、法院、司法和妇联等多部门共同参与的信息中心平台，整合了个案接访、联络协调、培训倡导和数据分析的功能，从而使得各个部门能够及时互通信息、有序衔接，充分调动积极性，既各司其职又相辅相成。

第三，民间组织的黏合性沟通。无论是国家层面的立法还是地方层面的政策，落实到实践中都意味着责任与义务、权力与职能的划分与确定。当政府部门内部缺乏对各个方面职责进行细致梳理与系统整合的动力时，民间组织起到了在政府部门和社会服务机构之间黏合沟通的作用。通过"不断地推、不断地修、不断地吵，不断地跟各个部门去协调"，深圳鹏星家庭暴力防护中心持续推进着深圳地区反家暴工作的多部门联动。

4. 调查研究

在性别暴力治理实践中的调查研究可以分为倡导型调查和跟踪式调查。

倡导型调查是指为了影响不公平或不适宜的政策而进行的调查。这类调查将社会关注的议题具体化、数据化，一方面有助于推进公共领域的相关讨论，另一方面也为该议题的政策倡导工作提供基础事实和策略分析。2015—2016年，联合国开发计划署联合国内多个多元性别社群及专家合作开展了迄今为止针对多元性别群体进行的最大规模的调查，调查报告《中国性少数群体生存状况：基于性倾向、性别认同、性别表达的社会态度调查报告》指出，绝大部分多元性别人群在生活的方方面面都遭受歧视，尤其是在家庭内部，有些多元性别人士被迫接受心理治疗乃至所谓"扭转疗法"。基于此，该调查报告建议卫生部门敦促《中国精神障碍分类与诊断标准第3版》（CCMD-3）修改关于"性指向障碍"的描述，达成关于同性恋与双性恋的完全去病理化；同时，建议卫生部门和工商部门加强对医疗机构和心理咨询机构的监管，确保其依照我国精神疾病分类方案与诊断标准提供精神卫生服务，杜绝性倾向"扭转治疗"等非法治疗乱象。2015—2019年，"女童保护"每年发布《性侵儿童案例统计及儿童防性侵调查报告》，

2019年的报告指出，遭遇性侵人数中女童近九成，网络性侵形势严峻，因此建议执法部门建立专门的儿童色情制品信息举报通道，对涉及儿童的图片、视频等细化分类管理，实施分级制度，强制互联网平台完善自查机制，充分利用技术筛查和人工审核，预防侵害儿童的行为与儿童色情制品的制作和传播等。

跟踪式调查指的是在相关法律政策实施之后，定期对其实施效果进行的跟踪调查，旨在发现政策实施中的具体问题与盲点，为进一步的政策倡导与建议提供依据，确保治理工作的持续性与过程化管理。为平妇女权益机构在《反家庭暴力法》实施一周年（2017年3月）、20个月（2017年11月）、两周年（2018年3月）、三周年（2019年3月）、四周年（2020年4月）时先后发布了《反家庭暴力法》实施监测报告，记录了各省市反家暴信息发布情况、制度建设情况、执行情况，总结了已经取得的进展和下一步面临的挑战。基于这些数据、案例与论证，为平妇女权益机构提出《反家庭暴力法》的具体落实过程中各国家机构相关职能的政策建议。专门为多元性别社群提供反家暴服务的彩虹暴力终结所于2017—2019年先后发布法律评估报告、个案状况及应对报告以及工作模式报告，梳理《反家庭暴力法》实施以来，应用该法在实践中对多元性别这一社会性别弱势群体进行保护与服务的具体情况和主要问题。

5. 政策倡导

民间组织的反性别暴力的政策倡导工作主要从三个方面展开：实践积累、社会倡导和政策建言。

实践积累是政策倡导工作的基础，通过进行调查、撰写报告、搜集案例、实践操作、建立试点等方式收集性别暴力相关议题的数据、材料、案例、实务经验，从而提出更有针对性和实践意义的政策建议。以性骚扰议题为例，北京千千律所曾进行职场性骚扰专题调查与高校性骚扰专题调查，并发布了调查报告。基于调查所得以及具体的相关代理案件的经验，千千律所与企业建立合作模式，直接或间接推动了企业建立防治性骚扰机制的试点。试点企业不仅起到了示范作用，还提供了参考模式和实务经验，从而为进一步的社会倡导和政策建言提供了"基于事实与证据"的基础。

社会倡导也可以看作民间组织通过非制度化的形式进行政策倡导。由于政策倡导往往具有一定门槛，民间组织在影响力、专业性等方面的弱势可能使得大部分民间组织难以直接进行有效的政策倡导。而更具有实操性的社会倡导则可以在影响力和专业性方面为民间组织的政策倡导工作添砖加瓦。这方面具体的工作手法主要包括举办民间研讨会、培训会或工作坊，以及基于互联网技术进行传播。这类由民间组织举办的研讨会，往往从自身的实务工作和实践经验出发，以技能培训、意识提升和议题讨论为主要内容，汇集相关职能部门、专家学者、妇女组织、公益机构、媒体、专业人士（律师、社工、心理咨询师等）和利害关系人，一方面将议题信息传达到政策决策层，另一方面传达到公众，使之成为公共话题，从而吸引到认同与关注。即使是更具有针对性和小范围的工作坊，其工作成果也能够为进一步的社会倡导奠定基础。例如2020年9月，橙雨伞编辑部根据"她故事"媒体培训工作坊培训实录整理了《"如何友好地报道性别暴力案件"媒体事务指南》，向媒体从业者呼吁营造性别友好的媒介环境。另外，基于新的互联网技术的内容生产与传播也是民间组织进行社会倡导的重要工作手法。例如，民间组织的微信公众号是主要的内容生产和集中发布的空间，最近几年流行的直播平台也为跨区域的、自发议题的信息分享与讨论提供了便利的技术平台，有利于扩大议题关注度与影响力，建立更广泛的同盟网络。

政策建言指民间组织通过制度化的机制参与立法和政策制定的过程，包括法律草案公开征集意见、立法项目公开征集建议以及参与立法听证会、立法座谈会、立法论证会和立法旁听。法律草案公开征集意见被认为是我国民间组织参与政策倡导最重要也是成本最低的途径。2019年4月，陕西省司法厅将与省妇联联合起草的《陕西省实施〈中华人民共和国反家庭暴力法〉办法（草案征求意见稿）》全文公布，并向社会各界征求意见。陕西妇女研究会即召开座谈会，邀请来自学界、民间组织、政府部门专家与专业人士到场讨论，并形成了20多点具体修改意见和建议，提交陕西省司法厅。2020年7月，《刑法修正案（十一）》通过人大常委会审议，进入公开征求意见环节。相关民间组织梳理了公布的草案全文，指出存在的问题（例如草案对加大强奸、猥亵未成年人犯罪刑事处罚力度的呼吁只字未提），制作了提交意见教程，通过各种传播工具呼吁社会公众向修正案草案提意见。其余的制度化参与途径具有更高的门槛，目前看来鲜有民间组织能够获邀参与立法座谈会或论证会,其他途径也存在公开度不足、程序繁琐等问题,使得民间组织难以进行有效的参与。

(三)民间组织参与性别暴力治理面临的挑战及影响因素分析
1. 外部因素

对民间组织的管理主要依靠社会组织领域的法规政策。我国目前仍处于社会组织立法的初级阶段,法制建设尚不成熟。宏观来看,社会组织的法律体系急需完善,尽管已经出台了一定数量的立法和政策,但这些法规政策与现有法律体系的衔接面临不少挑战。微观来看,具体法规政策中对社会组织的权利、义务和责任的设定不当,导致现实中对社会组织的支持不足,常常出现管理重于治理、管制强于规制的现象,不利于充分发挥社会组织的主观能动性。①

在性别暴力领域,虽然在全国层面和地方层面通过了针对性别暴力的法律修正案或专门法律,在地方层面通过了部分治理机制和实施办法的地方性法案,但是配套的资金支持、人才培养、基础设施建设等依然缺乏。而治理性别暴力是一个整体性和系统性的工作,法律出台之后没有配套资源的跟进,使得相关的干预和服务工作具有一定的"偶然性"。

社会对于性别暴力的认识不足以及依然根深蒂固的性别歧视使得性别暴力受害者无论是向公权力机构或是专业机构求助,都

---

① 马金芳:《我国社会组织立法的困境与出路》,《法商研究》2016年第6期。

可能面临被忽视、被误解的问题,无法获得有效的支持与保护。

2. 内部因素

法律政策的缺失、资源匮乏与普遍存在的社会歧视与敏感度不足使得面对和干预暴力事件的民间组织工作人员遭遇极大的压力与挑战,他们缺乏专业培训的机会与资源,因而在专业意识提升、专业知识积累与职业能力建设方面存在需求与现实的较大差距。同时,成长机会与空间的不足以及支持网络与动力的缺乏也使得相关社会组织人员流动性较大,工作的稳定性与可持续性面临巨大挑战。

四、关于促进民间参与性别暴力治理的建议

第一,完善相关法律法规,应认识到民间组织在参与性别暴力治理工作中不可或缺的能力与不可取代的专长,在现有法律法规的基础上,有针对性地修正具体规则和新旧体系对接中的冲突、填补空白,使民间组织在工作中切实有法可依、有法可循。相关管理工作应放在政策的落实、议题的深入与拓展、技术的更新与应用上,过分强调监督和管制会削弱民间组织的活力,难以发挥其促进多方资源整合的属性和对政府部门功能的补充作用。

第二,性别暴力治理工作应当是整体性、系统性的,包括干预惩罚和赋权服务两个相结合的工作领域。这要求一方面对相关法律法规应进一步细化,加强可操作性,在"有法可依"之后,实施细则和指导意见不可或缺,应完善多机构联动、联防、联合

受理机制，明确流程，明确各阶段的负责部门与相关责任人。另一方面，在相关司法实践和政策干预过程中，完善暴力受害人救助服务机制，在为受害者提供相关资源与服务使其自我赋能脱离暴力环境的同时，从暴力侵害行为产生的根源入手，提升潜在受害者的权益意识与自我保护能力，为潜在的性别暴力受害者赋权。

第三，针对根深蒂固的社会性别歧视，国家应在法律等层面明确界定性别暴力和歧视的概念，从而明确目标人群，确立案件标准。同时，还应开展长期的反暴力培训与法律宣传等工作，在深入挖掘暴力根源和伤害原因的基础上，开展旨在赋权的服务与反歧视、反暴力的社会倡导。

第四，在完善法律与治理性别暴力的实践中，增强对交叉性问题的关注力度，提升针对性别暴力的相关法律与其他法律的衔接性，使不同年龄、不同身体状况、不同性别认同、不同性倾向的中国城乡广泛人群都能获得法律保护与社会服务。

第五章　就业中的性别歧视

李莹　林依琳

95世妇会通过的《行动纲要》作为实现性别平等和全世界妇女和女童人权的全球政策框架和行动蓝图，确定了12个重大关切领域，在"妇女的人权"这一关切领域中提出三个战略目标，即消除歧视、公平对待和普及法律知识。本章论述主题以妇女人权框架下的公平对待为主旨，同时为避免与其他章的主题重复，将范围限缩为公平对待中的就业中的性别歧视领域。

如何界定公平对待和就业歧视，当前我国法律尚无全面清晰的定义。根据我国政府在1980年批准加入的《消歧公约》，对妇女的歧视指"基于性别而作的任何区别、排斥或限制，其影响或其目的均足以妨碍或否认妇女不论已婚未婚在男女平等的基础上认识、享有或行使在政治、经济、社会、文化、公民或任何其他方面的人权和基本自由"。同时，我国政府在2006年批准加入的《消除就业和职业歧视公约》规定，歧视指"基于种族、肤色、性别、宗教、政治见解、民族血统或社会出身等原因，具有取消或损害就业或职业机会均等或待遇平等作用的任何区别、排斥或优惠"，以及"有关会员国经与有代表性的雇主组织和工人组织以及其他适当机构协商后可能确定的、具有取消或损害就业或职业机会均等或待遇平等作用的其他此种区别、排斥或优惠"。而就业和职业是指"包括获得职业培训、获得就业和特定职业，以及就业条款和条件"。

本章所述的就业中的性别歧视即以上述两公约对歧视和就业的定义为基础，从民间的视角对我国2015—2020年间推动消除对妇女的就业歧视取得的进展、重点人群所面临的问题及典型良好实践进行回顾和总结，同时就当前仍存在的问题和挑战提出对策和建议。

一、回顾与进展

95世妇会后，我国相继批准核心人权公约《经济、社会及文化权利国际公约》和《残疾人权利公约》，同时加入了其他一系列国际公约或补充规定。批准加入公约规定的同时，我国政府重视执行有关人权文书，特别是对《消歧公约》的执行。作为《行动纲要》的法律基础和框架，《消歧公约》致力于反对妇女歧视和维护妇女权益，我国政府已经向消除对妇女歧视委员会六次提交执行报告并接受五次审议。[①]2014年，消除对妇女歧视委员会对我国政府提交的报告做出结论性意见，赞扬我国立法改革进展，特别是出台《社会保险法》《劳动合同法》《就业促进法》等法规，同

---

① 刘小楠：《妇女的人权》，《山东女子学院学报》2020年第3期。

时也对其他旨在消除妇女歧视和增进妇女权益的政策框架的出台予以肯定。

2016年，国家统计局发布《〈中国妇女发展纲要（2011—2020年）〉中期统计监测报告》，对《中国妇女发展纲要（2011—2020年）》实施五年来的情况进行汇总分析，结果显示妇女就业规模得以扩大，女性专业技术人员和公务员比例持续增加，女性参与企业经营管理的比重也相应提高。[①] 2018年和2019年国家统计局相继发布了上一年度的统计监测报告，数据显示相较此前的统计数据，女性接受高等教育水平、生育保障水平、参与企业管理水平、女性就业比例整体都呈现持续上升趋势，此外，新的数据监测中出现建立法规政策性别平等评估机制的数据，显示"全国共有30个省（区、市）建立了法规政策性别平等评估机制"。

2021年3月通过的《中华人民共和国国民经济和社会发展第十四个五年规划和2035年远景目标纲要》也特别关注了妇女儿童的发展权利和机会，体现了对妇女儿童发展和权利实现在新发展阶段的新要求；并提出，要保障妇女平等享有经济权益，消除就业性别歧视，依法享有产假和生育津贴，落实法规政策性别平等评估机制，完善分性别统计制度。

（一）继续完善消除就业歧视的立法和政策措施

在国家立法层面，2020年5月28日，《民法典》正式通过，

[①] 国家统计局：《〈中国妇女发展纲要（2011—2020年）〉中期统计监测报告》，2016-11-03，[2024-09-28]，http://www.gov.cn/xinwen/2016/11/03/content_5128075.htm。

于2021年1月1日起施行，在人格权编新增第1010条性骚扰条款，首次对什么是性骚扰进行了界定，突破了之前法律法规单性别保护的限制，同时明确规定了单位负有防范职场性骚扰的义务，即"应当采取合理的预防、受理投诉、调查处置等措施防止和制止利用职权、从属关系等实施性骚扰"。

在行政法规层面，2017年5月1日，国务院系统修订的《残疾人教育条例》正式实施，首次以全国性法规的形式确立融合教育原则，明确残疾人教育应优先采取普通教育的方式，要求学校为残疾学生创造无障碍环境，政府有责任统筹资源以提高普通学校实施特殊教育的能力，让学校来适应残疾人受教育的需求。融合教育原则的确立有望改善我国残疾妇女所面临的多样且交错的歧视困境，尤其在教育和就业领域为残疾妇女提供更多的机会。

各部门以部门规章、规范性文件等方式，消除就业中的性别歧视，推动就业平等。2016年，全国妇联出台《妇联组织促进女性公平就业约谈暂行办法》（以下简称《暂行办法》），探索了促进女性公平就业的新路径。暂行办法对什么是"约谈"进行了界定，即妇联组织针对招用、录用过程中歧视女性的突出问题，向用人单位通报情况，听取意见，沟通交流，调解矛盾，指导督促用人单位转变歧视观念，改正歧视行为，建立完善促进公平就业的相关制度和措施。《暂行办法》明确了用人单位涉嫌性别歧视的具体情形，包括招聘信息显示限男性或男性优先，或者提高对女性求职者要求的，同等条件下限制女性求职者笔试、面试或者复试机会的，询问女性求职者婚姻状况、子女状况等共5类情形，并规定了妇联组织对用人单位进行约谈的具体情形,如妇女群众投诉比较集中、反映强烈、具有一定代表性的;被媒体曝光或者形成舆论热点,社会影响较大的。暂行办法还规定了约谈的具体程序,规定被约谈单位拒不参加约谈或约谈后拒不改正的,妇联组织可以通过媒体公布涉嫌歧视的单位名单,并报送被约谈单位的主管部门查处、备案。据统计,2017年、2018年,各地约谈就业性别歧视案合计近50件。[1]

此外,多部门采用联合印发通知的形式,保障妇女平等就业。2019年,人力资源社会保障部、教育部、司法部、卫生健康委、国务院国资委、国家医保局、全国总工会、全国妇联和最高人民法院印发《关于进一步规范招聘行为 促进妇女就业的通知》(以下简称《通知》),对招聘环节中就业性别歧视的具体表现作细化规定。《通知》明确要求各类用人单位、人力资源服务机构在拟定招聘计划、发布招聘信息、招用人员过程中,不得限定性别或性别优先,不得以性别为由限制妇女求职就业、拒绝录用妇女,不得询问妇女婚育情况,不得将妊娠测试作为入职体检项目,不得将限制生育作为录用条件,不得差别化地提高对妇女的录用标准。推行"全面两孩"政策后,由于相应的配套措施尚待健全,女性面临相对复杂的就业环境,招聘是妇女就业歧视最容易发生的环节,《通知》的及时发布有助于解决招聘市场中存在的显性性别歧

---

[1] 国家卫生健康委:《对十三届全国人大二次会议第2947号建议的答复》,2020-07-06,[2024-09-28],http://www.nhc.gov.cn/wjw/jiany/202007/4aa9de707492450684032c4d47332476.shtml。

视问题。

各省、市、自治区也积极制定和完善促进女性公平就业的地方性立法。2016年之后,安徽省、广东省、江西省、江苏省、陕西省、河北省、湖南省等分别制定了本省的女职工劳动保护规定以及实施国务院《女职工劳动保护特别规定》办法,在消除招聘、就业中的性别歧视,保障女职工孕期、产期、哺乳期的劳动权益,禁止工作场所中的性骚扰等方面制定了具体措施。如陕西省《实施女职工劳动保护特别规定》要求,女职工人数比较多的用人单位应当根据女职工需要,按照规定建立女职工卫生室、孕妇休息室、哺乳室等场所和设施,使用面积一般不少于10平方米,并采取措施妥善解决从事流动性或者分散性工作的女职工在生理卫生、哺乳等方面的困难。

此外,辽宁省、宁夏回族自治区、河北省、江苏省等均修订了当地的《妇女权益保障法》实施办法,制定颁布了妇女权益保障条例,这些省级地方性法规中都较大篇幅地规定了消除招聘、就业中性别歧视的原则和具体措施。如河北省2017年7月颁布的《妇女权益保障条例》中规定,劳动保障行政部门应当将用人单位招聘员工过程中的性别歧视行为纳入劳动保障监察范围,并将企业遵守女性就业和特殊保护政策的情况纳入企业劳动保障守法诚信档案。对在员工招聘和录用过程中存在歧视女性问题的单位,所在地的妇女联合会可以约谈其主要负责人,并督促指导用人单位在约定期限内纠正歧视女性的制度和行为;必要时,妇女联合会可以邀请劳动保障行政部门、媒体等相关组织参与约谈,并下达整改意见书。对用人单位存在歧视女性问题拒不改正的，可视情况将其纳入不良记录名单。

2019年4月，《深圳特区性别平等促进条例》修正。条例规定，建立市性别平等促进工作机构，并制定了性别影响分析和评估、社会性别预算、社会性别审计和社会性别统计制度。为促进公平就业，建立行业性别平衡制度，市性别平等促进工作机构应当会同市人力资源保障部门，定期发布行业性别比例平衡指导意见，促进男女两性实质平等。

此外，深圳市还出台了《关于建立深圳市促进女性平等就业工作机制的意见》，规范了就业歧视的界限，明确了用人单位在招用、录用过程涉嫌歧视女性的具体情形；建立反就业性别歧视公益诉讼渠道，对用人单位、中介机构侵害众多女性的平等就业权益的，工会、妇联组织可以启动劳动公益诉讼程序，维护妇女的合法权益。构建促进女性公平就业协作机制，包括建立常态化监管机制，建立联合约谈机制，对存在性别歧视突出问题或存在严重侵害女性劳动权利违法行为的用人单位和职业中介机构，劳动保障监察机构应安排专人约谈或与工会、妇联组织联合约谈，建立联席会议制度等。

（二）通过政策制度推进就业公平及反性别歧视

2016年，国务院发布我国第三个人权行动计划《国家人权行动计划（2016—2020年）》，在妇女权利部分提出"努力消除在就业、薪酬、职业发展方面的性别歧视"，要求"修改城市民族工作条例""完善残疾人就业创业扶持政策，健全公共机构为残疾人提供就业岗位制度"和"全面推进无障碍环境建设"。①

2016年，国务院印发《"十三五"加快残疾人小康进程规划纲要》，将"残疾人平等权益保障和受教育水平明显提高"作为主要目标之一，提出推进残疾人按比例就业、集中就业、多渠道扶持自主创业和灵活就业、辅助性就业等具体措施以促进城乡残疾人及其家庭就业增收。

2016年，为指导和推动落实2030年可持续发展议程，中国制定发布《中国落实2030年可持续发展议程国别方案》，将"实现性别平等，增强所有妇女和女童的权能""减少国家内部和国家之间的不平等"作为可持续发展目标，同时指出"完善公平竞争、优胜劣汰的市场环境和机制，帮助有关主体公平地获得资金和市场机会"和"深化执法规范化建设，进一步推动和实施非歧视性法律和政策"等具体落实举措。

2017年，辽宁省妇联与省人社厅联合出台了《关于促进女性公平就业工作的意见》，围绕促进女性公平就业建立健全了五项工作机制。

在司法制度层面，2018年12月，最高法印发了《最高人民法院关于增加民事案件案由的通知》，增加"平等就业权纠纷"和"性骚扰损害责任纠纷"案由，并且明确平等就业权纠纷属于一般

---

① 国务院新闻办公室：《国家人权行动计划（2016—2020年）》，2016-09-29，[2024-09-28]，http://www.scio.gov.cn/xwfb/gwyxwbgsxwfbh/wqfbh_2284/2021n_2711/2021n05y31r/wjxgzc_3326/202208/t20220808_311945.html。

人格权纠纷，性骚扰损害侵权纠纷属于侵权责任纠纷。自此，遭受就业歧视或性骚扰的当事人可以独立案由向法院提起诉讼，这一司法解释为法官审理相关案件和当事人起诉维权提供了明确的依据，进一步完善了妇女平等就业权和性骚扰损权案件的司法救济机制。

（三）以具体措施保障妇女就业、促进妇女创业

全国妇联为了促进妇女在互联网时代创业创新，从 2015 年起开展"创业创新巾帼行动"①，从组织、服务、环境和妇女创业创新能力等多角度助力女性创业创新实践；并开展"巾帼脱贫行动"，落实"大众创业万众创新"战略。2016 年，全年共发放妇女创业担保贷款 502.21 亿元，获贷妇女 60.77 万人，中央及地方落实财政贴息资金 41.47 亿元。全年培训妇女 400 万人次，组织妇女"双创"辅导 96 万人次，举办妇女"双创"竞赛 2800 多场，创建女大学生创业实践基地 5000 多个。各级妇联组织培训 260 多万贫困妇女和骨干，扶持建立各级巾帼脱贫基地 4000 多个，带动 61 万贫困妇女就业创业。举办新型职业女性农民培训、创业就业技能培训等 16 万多期，参训妇女达 800 多万人。② 为解决创业女性资金瓶颈问题，全国妇联和财政部等 4 部门实施小额担保贷款财政

---

① 全国妇联：《关于开展创业创新巾帼行动的意见》，http://www.cnwomen.com.cn/2019/08/30/99170649.html。

② 外交部：《中国落实 2030 年可持续发展议程进展报告（2017 年）》，2017-08-25，[2024-09-28]，https://www.fmprc.gov.cn/ziliao_674904/zt_674979/dnzt_674981/qtzt/2030kcxfzyc_686343/zw/201708/P020210929391221562268.pdf。

贴息政策，2019年中国人民银行、中国银行保险监督管理委员会和中华全国妇女联合会发布《关于创新金融服务 支持妇女创业就业发展的通知》，从2009年到2018年全国累计发放鼓励女性创业的小额担保贷款2800多亿元，中央和地方落实财政贴息资金达400多亿元。[1]2020年，人力资源社会保障部、国务院扶贫办等五部门关于开展2020年春风行动暨就业援助月，集中帮扶农民工、残疾登记失业人员等就业困难人员就业创业。[2]

2016年，人力资源社会保障部、全国妇联决定在"十三五"期间联合组织实施巾帼家政服务专项培训工程，并印发了《巾帼家政服务专项培训工程实施方案》，通知要求培训的对象为已经或拟从事家政服务的农村转移就业女性劳动者，尤其是建档立卡的农村贫困妇女、城镇登记女性失业人员、毕业年度高校女毕业生、劳动年龄内的城乡未继续升学的应届初高中女毕业生，以加强农民工职业技能培训和家庭服务业职业化建设，促进建档立卡农村贫困人口实现精准脱贫。

2019年，财政部、税务总局、发展改革委等颁发了《关于养老、托育、家政等社区家庭服务业税费优惠政策的公告》，为支持养老、托育、家政等社区家庭服务业发展，对从事以上服务的单位提供了多项税收减免政策。自2014年中国残联印发《残疾人专

---

[1] 全国妇联：《中国多方面措施支持和鼓励女性创业创新》，2019-09-20，[2024-09-28]，https://www.sohu.com/a/342112291_267106。

[2] 《人力资源社会保障部、国务院扶贫办等五部门关于开展2020年春风行动暨就业援助月的通知》，2020-01-09，[2024-09-28]，http://www.mohrss.gov.cn/SYrlzyhshbzb/jiuye/zcwj/202001/t20200109_353417.html。

职委员工作规范（试行）》，推行专职委员制度后，各地残联纷纷出台具体办法，如2019年北海市出台《北海市残疾人专职委员管理暂行办法》。专职委员制度不仅在一定程度上缓解了残疾人就业难问题，同时也有助于提供更具针对性和更贴近残障群体具体需求的服务。

为建设长足的有益于公平对待残障女性的制度、市场和社会环境，自2016年秋季学期起，《特殊教育提升计划》正式实施，该计划直接免除了普通高中家庭经济困难的残疾女童学杂费，建立从幼儿园到高等院校的残疾学生资助体系，对家庭经济困难的残疾女童进行从小学到高中阶段的12年免费教育。

2020年新冠疫情期间，国务院出台《国务院办公厅关于应对新冠肺炎疫情影响　强化稳就业举措的实施意见》，禁止针对疫情严重地区劳动者的就业歧视，明确提出"三个不得"：服务机构和用人单位不得发布拒绝招录疫情严重地区劳动者的招聘信息，不得以来自疫情严重地区为由拒绝招用相关人员，对疫情导致暂不能返岗提供正常劳动的不得解除劳动合同或退回劳务派遣用工。最高人民法院印发《关于依法妥善审理涉新冠肺炎疫情民事案件若干问题的指导意见（一）》，规定"用人单位仅以劳动者是新冠肺炎确诊患者、疑似新冠肺炎患者、无症状感染者、被依法隔离人员或者劳动者来自湖北等疫情相对严重的地区为由主张解除劳动关系的，人民法院不予支持"，旨在规制对疫情严重地区劳动者的就业歧视问题。

2020年，国务院办公厅发布了《关于支持多渠道灵活就业的意见》,鼓励个体经营发展,增加非全日制就业机会,支持发展新就业形态。要求增强养老、托幼、心理疏导和社会工作等社区服务业的吸纳就业能力。加快推动网络零售、移动出行、线上教育培训、互联网医疗、在线娱乐等行业发展,为劳动者居家就业、远程办公、兼职就业创造条件等。

二、我国性别歧视面临的主要问题和挑战

(一)职场女性面临多种就业歧视

1. 存在纵向职业隔离与横向职业隔离

我国职场女性仍面临诸多方面的歧视,智联招聘在2016年到2020年间连续五年发布《中国女性职场现状调查报告》,从不同侧面反映职场女性所面临的就业歧视问题。

首先,职场女性面临职业的纵向性别隔离,在晋升道路上存在明显的"天花板效应"。从不同职级的性别分布看,职级越高女性比例越低,高层管理人员"男性占比81.3%,女性占比18.7%"[①],而从晋升几率看,男性比女性高约13%。女性晋升职级的最大障碍除因处于婚育阶段而被动失去晋升机会外,传统性别观念也有着很大的影响。一方面,不少女性仍受"男主外,女主内"等传统社会角色分工观念的约束,更容易主动或被动地以牺牲职业和个人发展为代价承担更多的家庭责任;另一方面,女性

---

① 智联招聘:《2019中国女性职场现状调查报告》,2019-04-12,[2024-09-28],https://news.ycwb.com/2019-04/12/content_30238418.htm。

在寻求晋升时相较于男性更缺乏自信，这与长久以来贴在女性身上的保守、依附或缺乏勇气等标签有关。①

其次，职场女性也面临职业的横向性别隔离。从职业岗位种类看，女性多就职于与客户和财务有关的行业，如行政、文秘、后勤和财会等，男性则更多从事"技术岗位"。②横向职业隔离与男女在学生时代就存在的"学科专业性别隔离"密切相关，认为女性更擅长人文社会科学，男性则擅长自然科学。结合世界经济论坛发布的2018年度性别报告指出的趋势来看，"原本有较多女性从事的工作，如行政、客户服务和电话营销，逐渐由机器人和人工智能等新兴技术'代劳'。根据有关职业研究显示，所需技能水平较低的职业转变更快，当女性缺乏数字化技能时，更难找到工作，更容易受到新兴技术冲击"③，这意味在信息化时代，我国女性面临着更具风险和挑战的就业环境。

2. 性别薪酬差距明显

《中华人民共和国劳动法》第四十六条明确规定："工资分配应当遵循按劳分配原则，实行同工同酬。"立法规定有效规制了男女薪酬的直接差异，但职业隔离以不同职级和职业类别的薪酬差异的形式即可规避法律中同工同酬的规定，女性劳动者收入仍与

---

① 智联招聘：《2017中国女性职场现状调查报告》，2017-03-08，[2024-09-28]，https://www.jiemian.com/article/1155983.html。
② 智联招聘：《2018中国女性职场现状调查报告》，2018-07-11，[2024-09-28]，https://www.sohu.com/a/240513927_99958508。
③ 新华社：《报告说男女同工同酬需两百年》，2018-12-18，[2024-09-28]，https://baijiahao.baidu.com/s?id=1620193755572720371&wfr=spider&for=pc。

男性存在较大差距。从整体收入水平看，智联招聘2020年的调查报告显示，2020年女性整体收入比男性低17%，与2019年低23%的差距相比，薪酬性别差虽有所缓解但仍明显。从同一职业收入水平看，根据智联招聘2018年的调查数据，同样是运营类基础阶段的职业，男性与女性收入并无明显差异，甚至女性收入略高于男性，但运营行业整体收入女性比男性低21%。[①]

此外，同工同酬不仅要求从事相同或类似工作的男女劳动者报酬平等，而且要求从事同等价值工作的男女劳动者也应享有相等报酬。等值同酬目前仍未得到应有的关注，以劳动技能、责任、强度、条件和劳动贡献为依据的基本工资制度及相应的工作评估体系尚待建立、健全和普及。

3. 性别社会角色的刻板印象及家庭责任分配的性别差异束缚女性个人和职业发展

2015—2020年有关女性就业权的调研报告都显示出与男性相比，女性在职业选择、收入水平、晋升机会等方面因为性别的刻板印象及工作家庭的平衡而受到负面影响。隐性性别歧视则借由其他"正当理由"表现得更为隐蔽也更为普遍，"2018年，国考招录16144个岗位，其中，偏好录用男性的岗位有4162个，占比25.78%"[②]。这些仅限男性报考的岗位中，常见的理由有"经常

---

① 智联招聘：《2018中国女性职场现状调查报告》，2018-07-11，[2024-09-28]，https://www.sohu.com/a/240513927_99958508。

② 纪卓阳：《女性九大职场生存状况｜满是性别歧视》，2018-12-07，[2024-09-28]，https://zhuanlan.zhihu.com/p/51828312。

出差、条件艰苦、要求晚上值班、工作强度大等"。在大学招聘会中,不少用人单位以同样的理由限制女性,招聘说明中对工作内容和要求不做具体说明,只是简单罗列这些拒招女性的理由,甚至有些企业以"保护女性"为借口拒绝招聘女性。①

囿于社会角色分工或传统性别观念的影响,女性往往承担更重的顾老育幼、家务劳动责任,家庭投入的增加客观上分散和占据了女性的工作精力和时间,这一现象随着"全面两孩"政策的实施而加剧。2018年的数据显示,整体上女性投入家庭的时长比男性多约15%,投入工作的时间比男性少9%,且投入家庭的时长差距在已婚的情况下进一步被拉大。②关于疫情期间的远程办公的调研结果显示,40.63%的职场妈妈比平时更加忙碌,37.92%的职场妈妈认为远程办公更方便照顾家庭。

女性更多承担照顾老幼及家务劳动责任这一现象同时反向加深社会角色分工的刻板印象,加剧职场女性面临的性别平等困境。2020年的数据显示,58.25%的女性遭遇了"应聘过程中被问及婚姻生育状况",27%的女性遭遇了"求职时,用人单位限制岗位性别",6.39%的女性遭遇了"婚育阶段被调岗或降薪",而遭遇这些不公的男性却屈指可数。③

---

① 纪卓阳:《女性九大职场生存状况 | 满是性别歧视》,2018-12-07,[2024-09-28],https://zhuanlan.zhihu.com/p/51828312。
② 智联招聘:《2018中国女性职场现状调查报告》,2018-07-11,[2024-09-28],https://www.sohu.com/a/240513927_99958508。
③ 智联招聘:《2020中国女性职场现状调查报告》,2020-03-09,[2024-09-28],http://js.news.163.com/20/0309/10/F7964S2M04249CU4.html。

此外，更多的家庭投入也意味着女性可能放弃更多的发展机会。女性在选择工作时考虑最多的因素是上下班方便（35.9%），而男性考虑最多的是获得成长和发展（34.2%）。已婚女性出于照顾家庭的考虑对上下班方便的诉求更强烈，同时与未婚女性相比对获得成长和发展的考虑比重减少7.8%，意味着女性为了照顾家庭可能丧失更多潜在的就业和发展机会。

与重视家庭投入和鼓励生育政策相背离的趋势是逃离婚育。"部分职场女性正在尝试放弃婚育，试图活出另一种人生。调研显示，认为结婚和生育是人生必选项的女性均远低于男性，分别占比41.75%和42.08%，整体不足一半。而男性对此却非常热衷，认为结婚和生育是人生必选项的占比分别为70.72%和67.54%，整体接近七成。"①

最后，在未就业人员中，有32.7%的女性未就业原因是料理家务，而男性仅有2.9%。②

4. 生育保险制度仍待健全

首先，生育保险的覆盖范围尚待健全。我国的《社会保险法》对无固定用人单位、非全日制就业、灵活就业女性劳动者以及未就业女性的生育保险问题缺乏具体规定。

其次，城乡女性劳动者的生育保险差别较大。《社会保险法》

---

① 智联招聘：《2020中国女性职场现状调查报告》，2020-03-09，[2024-09-28]，http://js.news.163.com/20/0309/10/F7964S2M04249CU4.html。

② 国家统计局社会科技和文化产业统计司：《中国社会中的女人和男人——实施和数据（2019）》，2020年。

实际上主要解决了城镇女性职工的生育保险待遇，对城镇男职工的未就业配偶只是提供了生育医疗费用的保障，并没有对未就业的城镇女性劳动者以及农村女性劳动者的生育保障问题做出规定。①

再次，总体上各地女职工享有的生育医疗费用报销水平较低。2010年第三期中国妇女地位调查的数据显示，关于企业职工生育最后一个孩子的分娩费用，全部免费或者报销的只占29.6%，定额补贴的占1.9%，部分报销的占20.1%，全部自费的占47.6%。②2016年全国总工会的调研报告显示，女职工产前检查费用报销比例能够全额报销的仅占10.53%，部分报销的占20.37%，女职工生育或流产的医疗费用，能够全额报销的仅占14.32%，部分报销的占22.81%。③

5. 职场性骚扰较为严重

女性是职场性骚扰的最主要受害群体，源众针对2010年—2017年的涉及职场性骚扰的裁判文书检索数据报告显示④，女性受害人占比91%。绝大多数职场女性对职场性骚扰及如何维权缺乏足够的认识，基于种种顾虑，她们大多选择沉默或离职，这些顾虑包括但不限于：觉得报警或者诉讼成本高且效果差、证据不足、不愿失去工作、不愿将事情搞大以及谈论性话题的羞耻感等，造

---

① 周贤日：《论生育保险促进男女就业平等的功能与路径》，《中国政法大学学报》2018年第5期。
② 宋秀岩：《新时期中国妇女社会地位调查研究》，中国妇女出版社2013年版。
③ 唐芳：《完善生育医疗保险待遇制度研究》，《中华女子学院学报》2017年第3期。
④ 北京市东城区源众家庭与社区发展服务中心：《打破沉默，拒绝妥协——中国防治职场性骚扰法律与司法审判案例研究报告》，2018-06-13，[2024-09-28]，https://mp.weixin.qq.com/s/mdJzr7DmXum6yh_28WNAWg。

成职场性骚扰案件报警率和起诉率低。对少数有维权意识和意愿的职场性骚扰受害女性而言，较高的维权成本和举证困难等因素又导致维权成功率极低，还可能在维权过程中遭受二次伤害，可以说遭遇职场性骚扰的女性处在极端弱势地位。此外，从整体来看，我国现有的规制职场性骚扰的法律法规、机制尚未被有效激活。

6. 年龄歧视依然普遍

年龄歧视包括就业年龄歧视和退休年龄歧视问题。就业年龄歧视是企业用人潜规则，很多年龄限制都设定在黄金年龄段，即个人精力最为旺盛的阶段，导致劳动者因年龄限制而受到排挤。各企业对岗位设置年龄条件的占需求人数的90.4%，其中，女性面临着更为严峻的年龄歧视问题。女性面临的退休年龄歧视问题分为两类，一类是性别歧视，即男女间基于性别而划分不同的退休年龄标准；另一类是职业类别歧视，即不同职业女性退休年龄不同。2020年时国家法定的企业职工退休年龄是男年满60周岁，女工人年满50周岁，女干部年满55周岁，县处级女干部和具有高级职称的女性专业技术人员年满60周岁。

（二）女性中的特定群体面临更大的就业困境

1. 女大学生就业困难

相关数据显示，学历越高歧视越严重。中国人民大学国家发展与战略研究院2015年的虚拟简历实验结果显示："在使用相同背景的简历的情况下，男性求职者接到面试邀请的次数是女性的

1.42倍。学习成绩越好、学历水平越高的女性大学生在求职过程中遭受的性别歧视越严重。成绩较差的女性简历每收到1次面试邀请，同样的男性会收到1.33次邀请；而在成绩较好的分组中，男性求职者接到面试邀请的次数是女性的1.51倍。同样在学历上，本科男性的面试机会比本科女性多39%，而在研究生学历分组中，男性比女性多出的面试机会增加到了53%。"[①]

2. 流动女性的就业歧视更为复杂和严重

与一般职业女性相比，流动女性面临着更为复杂且相互交错的就业歧视。

首先，流动女性的求职率和就职率都明显低于男性，在家庭流动的趋势下，流动女性"迁而不工"现象普遍[②]。与子女未随迁的女性流动人口相比，子女随迁后其就业概率下降了37.4%。随迁子女数量每增加1个，女性流动人口就业水平降低23.4%。由于社会对女性角色的安排，女性在家庭迁移决策过程中多处于从属地位，而随迁子女和家庭的约束限制了流动女性的就业选择。其中，子女随迁对农村女性流动人口、90后和70后的群体、中低收入流动家庭的女性流动人口就业的负向影响更加显著[③]。与此相反，与配偶、子女共同外出对流动男性的收入和就业率无显著影

[①] 中国人民大学国家发展与战略研究院：《大学生就业存在性别歧视吗？专题研究报告》，2015-01-26，[2024-09-28]，http://nads.ruc.edu.cn/upfile/file/20150126152440_31148.pdf。

[②] 李国正、艾小青、李晨曦：《流动人口家庭束缚和收入不平等影响因素分析》，《统计与决策》2017年第8期。

[③] 李国正、高书平、唐孝文：《社会投资视角下女性流动人口"迁而不工"的对策研究》，《山东社会科学》2017年第7期。

响。① 这些数据一定程度反映出家庭化流动对两性的影响不同，男女流动人口间就业和收入的差距，与女性承担的家庭和劳务负担及女性在家庭中的从属地位具有相关性。

其次，流动人口中职业性别隔离现象广泛存在，收入性别差距明显。一方面，流动女性就职部门更为低端，家政与保洁两个职业中女性占比远超男性，分别是85%和75%。②而"除了家政、保洁、公务员和办事员、其他商业服务业人员外，其他大部分职业都是男性比例高于女性"。另一方面，即使在较低端的职业中，与流动男性相比，流动女性的上升渠道也更为有限，更难晋升至组长等管理岗位。职业性别隔离造成男女流动人口之间在收入上的较大差距，数据表明："人力资本禀赋、就业分布及劳动付出等并不是导致男女收入差距的主要原因，男女收入差距的70%左右是由于性别歧视及其他不可观测的因素决定。"③同时，受限于文化程度和照顾家庭的负担，流动女性比流动男性更难融入城市生活，进而无法有效地学习新媒体等基本技能和触及相关社会资源，影响其个人发展和创业可能。

最后，与城镇流动女性相比，农村流动女性又面临着更为复杂的多重就业困境。农村流动女性的受教育程度往往低于城镇流

---

① 郝翠红：《家庭化流动对流动人口就业和收入影响的性别差异》，《未来与发展》2018年第6期。
② 邱红、张凌云：《我国流动人口就业特征及分性别异质性研究》，《经济纵横》2020年第7期。
③ 李国正、艾小青、李晨曦：《流动人口家庭束缚和收入不平等影响因素分析》，《统计与决策》2017年第8期。

动女性，其融入城市的能力也相应更低，"跨区域和区域内流动人口中，非农业户口流动人口的城市融入能力分别比农业户口流动人口高25.57个和8.23个百分点"[①]。从就业门槛和就业机会可及性上就限制了农村流动女性的职业类别和再就业。同时，城镇流动女性有着更高的利用社会资本的能力和更开阔的视野，择业渠道比农村流动女性更多。此外，城镇流动女性往往还拥有比农村流动女性更强的社会网络系统，而较强的社会网络对流动人口收入的提升能够产生显著的正向影响[②]，并能够在女性生育期间提供更好的支持系统。

3. 残障女性面临多重歧视的困境

总体上，相比于非残障人士，残障人士在就业率、就业质量及就业结构等方面都存在较大差距，而残障女性，尤其是在诸多不利因素叠加的情况下，则面临更复杂的多重交叉歧视问题。

与残障男性相比，残障女性就业概率更低。一方面，残障女性与残障男性相比，在就业市场遭到更严重的性别歧视[③]，残障女性面临更高的就业压力[④]。另一方面，未就业残障女性的就业扶贫需求显著低于未就业残障男性，进一步降低残障女性的就业概率。

[①] 王晓峰、张幸福：《流动范围、就业身份和户籍对东北地区流动人口城市融入的影响》，《人口学刊》2019年第2期。

[②] 王子敏：《互联网、社会网络与农村流动人口就业收入》，《大连理工大学学报》2019年第3期。

[③] 康琛宇、胡日东、白先春：《残疾人就业与扶贫需求的性别差异研究——基于非线性Blinder-Oaxaca分解方法》，《西北人口》2019年第6期。

[④] 王豪、刘冯铂：《残疾人就业压力的影响因素及其作用机制：自尊和社交行为的多重中介效应》，《残疾人研究》2017年第1期。

"具有相同的个体特征、同处于失业情况的残障女性的就业扶贫需求显著低于残障男性",需要对残障女性低就业扶贫需求的深层次原因投以更多关注。

与非农村残障女性相比,农村残障女性群体面临更为严峻的就业困境。首先,农村残障女性与非残障女性一样受到传统性别观念的影响,承担着更多照顾家庭的责任。同时,农村残障女性在教育资源、社交网络及各类资源可及性等方面,与非农村残障女性相比处于明显的劣势,面临更高的就业压力。其次,农村残障女性还需要面对自身因素带来的多重困境,如自身残障情况、身心健康状况及劳动技能等因素直接导致其就业灵活度、就业技术含量和薪资水平都相对较低。最后,现有的政策法规不够完善及落实困难也使得农村残障女性缺乏足够的社会保障,限制了其就业和发展的可能性。①

无障碍设施等公共设施缺位或不完善,限制残障女性走出家门寻求发展。一方面,目前无障碍设施的规范基础多为倡导性,缺乏强制效力;另一方面,残障女性就业缺乏支持性环境,造成残障女性的出行相比男性而言更危险,更容易成为性侵害和性骚扰的对象,让原本职业范围就狭窄的残障女性更不愿意从事相关职业,如女性视力障碍者不愿从事按摩行业。

此外,残障女性同时还面临着更严重的年龄歧视、生育歧视问题,而在"农村""流动""少数民族"和"婚育年龄"等诸多

---

① 唐娟、李精华:《社会工作介入农村残疾女性就业的对策分析》,《大庆社会科学》2018年第3期。

不利因素叠加的情况下，残障女性处于极端不利的边缘地位。

4. 多元性别群体同样面临多重就业歧视且维权困难

据联合国开发计划署和国际劳工组织调查，21% 的中国受访者曾在职场由于其性倾向、性别认同或表达以及性征而受到骚扰、霸凌或歧视。仅有 7% 的中国受访者表示企业有明确管理条例禁止内部基于少数群体的歧视行为，反映出当前我国企业的保守态度。①

此外，在家人的不接纳态度弱化了多元性别群体的社会支持系统的同时，也可能带来其他歧视和压力。根据 2016 年发布的《中国性少数群体生存状况调查报告》，超过一半的多元性别受访者表示因自己的性倾向、性别认同或表达遭到家人不公平对待或歧视。② 具体歧视形式包括语言暴力、强迫改变外在性别表达方式、强迫婚姻和强迫矫治等。由于家庭的不接纳和歧视态度，47.6% 的多元性别群体选择不对家人"出柜"，他们很可能会面临家人的逼婚压力。

面临更为复杂的歧视困境的同时，多元性别群体在遭遇歧视时可及的有效救济途径也尚待完善。以小马平等就业权纠纷案为例，2019 年杭州小马在成功完成性别重置手术后被公司以迟到早退严重违反公司规章制度为由解除劳动关系。小马认为，"公司与

---

① 联合国开发计划署：《中国、菲律宾及泰国性少数人群面临的职场歧视报告》，2018-06-27，[2024-09-28]，https://www.undp.org/zh/china/press-releases/zhongguofeilubinjitaiguoxingshaoshurenqunmianlindezhichangqishibaogao。

② 联合国开发计划署：《中国性少数群体生存状况——基于性倾向、性别认同和性别表达的社会态度调查报告》，2016-05-16，[2024-09-28]，https://www.cn.undp.org/content/china/zh/home/library/democratic_governance/being-lgbt-in-china.html。

其解除合同是基于自己的性别转换，该基于性别的差别对待损害了自己的公平就业权和劳动权"，遂以"平等就业权纠纷"案由向法院提起诉讼，这是国内跨性别者平等就业权纠纷第一案。①2020年1月，法院做出一审判决，认为公司基于用工自主权解除合同，不构成性别歧视，这一判决结果后得到二审法院维持。尽管案件以"平等就业权纠纷"为案由，但法院的审理重点落在公司用工自主权上，"通过处理劳动纠纷的方式解决是否歧视、是否侵害平等就业权的问题"②，折射出独立案由时代平等就业纠纷案件如何审理、具体法律如何适用等问题尚待细化和明确。

（三）我国生育政策系列重大调整带来的影响

2013年12月，我国开始实施"单独两孩"政策；2015年10月29日，党的十八届五中全会宣布实施"全面两孩"政策。生育政策的重大调整有助于进一步释放生育潜力，减缓人口老龄化，增加劳动力供给，加强家庭内部支持功能，促进人口长期均衡发展。

为落实国家的生育政策，各地纷纷出台具体措施保障女性生育权，并完善产假和福利等配套措施，但我们也看到，相关政策在鼓励和保障女性劳动者生育权利的同时，也因配套保障措施无法即时跟进，客观上增加了企业的用人成本，降低雇用女性劳动

---

① 陈勇：《跨性别者平等就业权纠纷首案即将二审 此前一审判决驳回原告全部诉讼请求》，2020-05-26，[2024-09-28]，http://news.yangtse.com/content/931795.html。

② 刘明珂：《职场人士必看！中国首个跨性别平等就业权案背后的法律问题（上）》，2020-09-04，[2024-09-28]，https://www.huxiu.com/article/380270.html?f=rss。

者的意愿。① 原本具有就业优势的已婚已育女性不再是企业眼中的"安全对象","让女性回家"的论调再次被提出。以《辽宁省人口与计划生育条例》为例,该条例以二孩政策为依据进行修改并规定:"依法办理婚姻登记的夫妻,除享受国家规定的婚假外,增加婚假7日;符合本条例规定生育的夫妻,除享受国家规定的产假外,增加产假60日,配偶享有护理假15日。休假期间工资照发,福利待遇不变。"旨在保护女性生育福利的条例,有极大可能因缺乏生育成本社会化等配套设施而造成用人单位雇工成本增加,反而提高了未生育或有生育二胎意愿的女性劳动者的就业门槛。

此外,一方面国家制度层面缺乏男性带薪休假,缺少平衡工作与家庭责任法规等配套婚育保障措施,另一方面企业对女性员工提供的福利政策仍显不足。智联招聘发布的《2020中国女性职场现状调查报告》显示,30.31%的受访者所在企业没有任何针对女性员工的政策和福利,作为刚需的产假或哺乳假也仅有六成企业满足,缓解哺乳期妈妈困难的母婴室设施更是寥寥无几。②

而与非流动女性相比,流动女性面临更严重的生育歧视。③"全面两孩"时代,受城乡二元体制和市场化进程影响,有意愿生二胎的流动女性不仅需要负担更高的生育成本,还可能因为受教

---

① 宋晓东:《女性遭遇就业歧视法律问题研究——以生育政策调整为视角》,《通化师范学院学报》2017年第1期。
② 智联招聘:《2020中国女性职场现状调查报告》,2020-03-09,[2024-09-28],http://js.news.163.com/20/0309/10/F7964S2M04249CU4.html。
③ 缪斯夫人:《生娃有代价,中国流动女性群体更甚》,2017-10-20,[2024-09-28],http://www.zhishifenzi.com/depth/columnview/829?category=。

水平有限、缺少本地社会关系网络和就业资源以及信息获取能力弱等原因，难以再次就业。① 同时，受限于户籍制度和配套的社会保障不完善，不少流动女性因怀孕不得不重新返回流出地进行生育，与非流动女性相比她们承担更高的生育代价。

（四）反就业性别歧视立法和执法仍面临较大的不足和挑战

第一，我国反就业歧视立法还有待健全。我国法律尚未明确"性别歧视"的定义，没有与《消歧公约》一致的歧视妇女的全面定义，与反歧视有关的规定散见于《就业促进法》《劳动法》《妇女权益保障法》《企业职工生育保险试行办法》和《残疾人保障法》等法律中，以原则性规定为主，缺乏强制性和可操作性。歧视概念的模糊以及相关规定的抽象性，使得歧视的认定标准不明确，加大了性别歧视的识别难度，无法为用人单位及有关人员提供行为规范指引，也无法为遭受歧视的当事人提供明确具体的救济指引，同时还导致司法实践中对歧视的认定缺乏统一标准，司法裁判存在类案不同判的现象，影响司法权威。

第二，我国反就业歧视配套机制并不完善。一是我国当前还未成立消除歧视、促进平等的专门机构。二是现有法律规定中缺乏实质的救济和追责措施。一方面，受害者面临维权渠道不明和维权困难的问题，过高的维权成本以及维权风险导致受害人维权意愿普遍偏低；另一方面，企业的歧视行为所带来的违法成本过

---

① 缪斯夫人：《生娃有代价，中国流动女性群体更甚》，2017-10-20，[2024-09-28]，http://www.zhishifenzi.com/depth/columnview/829?category=。

低,歧视现象屡禁不止。即使企业在劳动仲裁或诉讼中败诉,遭受的实际损失也非常小,但却可以震慑其他员工。此外,由于反歧视规制的不明确,企业可以假企业自主权的名义行隐性歧视之实,从而规避现有法律的有关规定,例如小马案的企业正是以迟到早退的名义和小马解除劳动合同,以此规避法律对平等就业权的规定。三是缺乏相关法律法规执行情况的报告和评估机制。

第三,司法审判实践中性别理念仍然缺失。比如,排挤怀孕女职工迫其辞职的行为属于性别歧视,但因为目前我国立法对性别歧视缺乏清晰的界定,实务中,无论是法官司法、行政人员执法还是公民守法层面,都没有将针对怀孕女性的排斥、限制等严重侵犯女职工平等就业权的行为视为性别歧视。加上我国没有将此类行为认定为"推定解雇"的法律规范,因此,法官在司法实践中即使同情被排挤女职工,也只能选择调解。在调解未果的情况下,因其"辞职"表象掩盖了用人单位的辞退故意而依法无法支持原告。①

第四,防治性骚扰的具体措施及执行程序有待健全。一是《民法典》明确规定企业负有防治职场性骚扰的义务,但目前缺乏具体实施细则,对于企业如何履行相应义务以及具体执行程序等缺乏强制性规范的指引。二是缺乏对雇主责任的规定,不利于企业落实防治义务。

第五,新冠疫情加剧女性特别是多重弱势因素交叉的女性群

---

① 刘明辉:《落实"消除性别歧视"目标的三大实施途径》,2018-03-22,[2024-09-28],http://paper.cnwomen.com.cn/content/2018-03/13/047161.html。

体面临的歧视风险。新冠疫情的蔓延加剧特殊弱势群体面临的就业困境，使之面临更复杂且重叠的就业歧视。一方面，经济下行直接导致各方支持资源和资金投入趋向收紧，当前我国残疾人就业保障金制度存在不稳定性，在经济受到冲击时，经费容易被缩减。疫情期间，就业保障金作为企业的免税政策被压缩减少，且未明确该缩减政策的持续时间。另一方面，特殊弱势群体的权利在紧急情况发生时最容易被忽视。针对全球残障女性受疫情影响状况的研究指出①，残障女性可能更难以获取生理卫生用品或无障碍医疗照顾，同时她们不只是被照顾者，可能还承担着操持家务、辅导功课、挣钱养家的多重角色。在疫情期间和后疫情阶段，持续关注和保障特殊弱势群体的权益是我国消除歧视工作迫切需要回应和解决的难题。

第六，与歧视现状相比，反歧视的良好实践及措施在力度和数量上仍显不足。对 2015—2020 年反歧视资料和文献的检索结果显示，有关措施和实践的数量有限，相关报道和后续跟踪反馈信息较少，从侧面反映出对歧视议题的关注度仍有待提高。值得注意的是，相较于单一歧视因素的群体，对面临交叉困境的弱势群体的关注度更低，有关措施和良好实践的报道数量更少甚至完全没有。

---

① 参见胡鸾娇在"疫情防控中的特定群体权利保障"国际视频研讨会分享的研究成果，2020-05-24，[2024-09-28]，http://k.sina.com.cn/article_1840551510_v6db4965601900t1my.html。

三、消除就业中的性别歧视的良好实践

近年来,妇联和有关政府部门、企业、民间组织以及司法机关持续关注妇女权益保障实践,并积极参与和摸索妇女平等就业实践。

(一)中国纺织工业联合会反性别歧视和性骚扰探索

企业作为用人单位是防治职场性骚扰和性别歧视的一支重要力量,如何调动企业防治职场性骚扰和性别歧视的积极性,企业如何构建职场性骚扰及性别歧视的防治机制,是发挥企业反歧视和防治职场性骚扰作用的关键,下面以企业社会责任为视角对中国纺织工业联合会反性别歧视的良好实践进行介绍。

2005年,由中国纺织工业联合会(以下简称"联合会")主导制定的中国纺织企业社会责任管理体系,即CSC9000T认证工作正式启动,是我国第一次在产业领域推行行业社会责任行为准则。[1] 防治性骚扰是这一体系的十大要素之一,体系总则和细则分别就防治性骚扰提出了具体的要求,为企业防治性骚扰建起了一个可遵循、便于操作的长效机制。由于行业特点,行业内女员工人数众多,约占全行业总人数的70%[2],纺织服装行业成为防治职

---

[1] 巩霞、肖强:《论中国纺织企业的社会法律责任》,《黑龙江省政法管理干部学院学报》2014年第2期。

[2] 唐芳:《履行社会责任 构建防治职场性骚扰机制——关于中国纺织服装行业防治职场性骚扰的调研报告》,《反歧视评论》2018年第1期。

场性骚扰的重点行业。为进一步有效防治性骚扰，2008年联合会在标准修订中加入防治性骚扰条款，提出企业在职场性骚扰问题上负有两大责任，一是不歧视的责任，二是提供健康的公共环境的责任。

联合会针对不同企业采取不同策略，从供应链和企业品牌建设角度游说企业接纳行业标准，调动企业防范职场性骚扰的积极性。在经济全球化背景下，中国供应商为了应对国外品牌对纺织服装企业的要求，需要在管理制度上与国际接轨。同时，内销型企业为更好地应对与跨国品牌的市场竞争，也越来越重视将企业社会责任纳入公司整体运营以树立品牌形象。这种根据不同类型企业的经营发展需求，将企业社会责任和企业品牌形象衔接的方式持续吸引纺织企业加入行业准则，防治性骚扰和反歧视规则也由此被纳入这些企业的管理准则。

加入行业准则是企业承担反性别歧视和性骚扰责任的规则基础，而准则和具体管理规则的落实需要专业的能力。为此，联合会通过与民间组织项目合作的方式，借助民间组织的专业力量对行业内企业进行专业培训以提高企业落实行业准则的能力，例如推荐协会的成员企业"爱慕内衣"公司成为众泽的首批试点企业接受培训，"爱慕内衣"所出台的性骚扰防治制度随后在国内得以推广。在项目合作过程中，联合会在企业社会责任及行业标准中细化了职场性骚扰的有关内容，在CSC9000T实施指导文件中明确要求企业"采取有效措施预防和制止各种形式的性骚扰"，明确性骚扰的定义、表现形式、投诉和处理机制等重要内容，并纳入企业的培训范畴。①

至 2018 年新版《CSC 9000T 中国纺织服装企业社会责任管理体系》(以下简称"新版 CSC 9000T")发布时,已有近 500 家国内外纺织服装企业采纳了该项标准。新版标准专门补充了面向中国海外投资企业的社会责任管理办法。首先,结合国家"一带一路"的政策背景,新版 CSC 9000T 为中国"走出去"的纺织服装企业提供指引,引导纺织服装企业在企业战略、制度、运营和业务关系中全面、合理地关注和回应各利益相关方的利益和期望。其次,新版 CSC 9000T 充分吸收了国际普遍认可的公约、标准与倡议,为企业满足法律法规要求以及多种国际现存的社会责任相关期待提供了工具。最后,新版 CSC 9000T 融入了风险防范的基本方法论,适应了我国建设纺织强国的趋势和要求,为广大品牌企业提供通过加强社会责任管理体系防范供应链风险的工具。②

在《民法典》出台前,我国尚无企业反性别歧视和性骚扰的明确规定,联合会着眼于企业的品牌形象与发展需求,从社会责任的角度通过行业准则的方式,摸索激发企业加入和落实反性别歧视和性骚扰积极性的实践,为今后继续调动企业防治性骚扰和反性别歧视的积极性提供了良好示范,也为将来《民法典》正式实施阶段如何进一步完善防治职场性骚扰的长效机制提供了实践基础。

---

① 冯媛:《回顾 1994—2019:中国大陆反性骚扰历程》,2020-06-15,[2024-09-28],https://www.chinadevelopmentbrief.org.cn/news-24313.html。
② 张娟:《新版 CSC 9000T 为中国"走出去"企业提供指引》,《纺织服装周刊》2018 年第 1 期。

（二）民间组织试点摸索就业平等保障机制和制度

禁止就业歧视的原则性规定在《劳动法》和《就业促进法》等多部法律中予以明确，但具体如何落实和救济，缺乏具体规定。2012年，源众在河北省新乐市创建反就业歧视的专门机构试点，在新乐市成立了由政府牵头，劳动行政部门及工会、妇联等机构参与的促进平等就业委员会（以下简称"促平会"）。[①] 这是国内成立的第一家旨在反对就业歧视，促进公平就业的政府与社会组织合作的专门机构。委员会主任由新乐市市长兼任，委员会成员主要由市有关主管部门主管领导兼任，委员会下设办公室作为日常办事机构，办公室设在新乐市就业服务局，办公室主任由市就业局局长兼任，具有权威性的组织框架赋予委员会更高的执行效力和公信力。

围绕如何开展歧视认定和救济等关键问题，促平会摸索建立了就业歧视案件受理以及处理的流程和制度，明确歧视的认定标准，创新救济途径。当事人认为遭受就业歧视或者职场性骚扰，其合法权益受到侵害的，可以向促平会投诉。对符合调解条件的案件，委员会可进行调解，调解不收费，经费由财政予以保障，并实行自愿、保密、公平和及时的处理原则。[②]

同时，促平会通过开展多样的宣传活动营造公平健康的就业环境和氛围。一是利用庙会和人才招聘大集，在城乡街头发放500

---

① 河北工人报：《新乐市建立促进平等就业专门机构试点项目总结会暨研讨会在省会召开》，2014-03-11，[2024-09-28]，http://www.hbgrb.net/epaper/html/2014-03/08/content_107531.htm。

② 刘小楠：《性骚扰的现状及法律规制——以港台地区性骚扰立法为鉴》，《妇女研究论丛》2014年第4期。

余份"反就业歧视"宣传海报。二是针对大学生就业歧视问题,在毕业季开展培训暨研究活动,张贴"反就业歧视"宣传海报。三是充分利用大众传媒,宣传反就业歧视法律法规,宣传报道反就业歧视工作经验与具体措施。①

除了开展宣传活动,促平会也直接为妇女劳动就业提供指导和服务。一方面,促平会积极落实职业培训补贴、小额担保贷款等优惠政策;另一方面,促平会大力开展妇女就业和劳动技能培训,通过形式多样的女性电子商务启蒙、提升和拓展培训来提高妇女在电子商务潮流中的竞争力。

此外,促平会还负有对当地就业歧视现状及态势进行调研的职责。促平会与源众联合承办专项调研并形成专业的调研报告,报告清晰呈现了新乐市就业歧视现状和劳动者对此问题的认知情况,为后续出台有针对性的调整对策奠定基础,也为其他地方开展公平就业相关工作制度的建设提供良好参考。

(三)人民法院通过司法裁判保障和宣传就业平等

2018年,当当网员工高某为进行性别重置手术向主管领导请病假休养两个月,其主管同意其休假,而员工关系管理员则一直"不同意"高某的休假。此后,当当网以"旷工"为由要求与高某解除劳动关系,高某因此申请仲裁,委员会裁决双方继续履行劳

---

① 孝感妇女网:《案例18 地方政府推进就业性别平等——河北省新乐市促进平等就业委员会的经验》,2017-03-07,[2024-09-28],http://www.xgwomen.gov.cn/ssgh/270909.jhtml。

动合同。当当网不服裁决并诉至法院，北京市第二中级人民法院于2019年一审判决，当当网公司属违法解除劳动合同，应继续履行与高某的劳动合同，2020年1月二审判决（终审判决）双方继续履行劳动合同。

高某认为，当当网解除合同的原因实际为就业歧视，并出具了当当公司发送给自己的函件。函件显示"您（高某）作为精神病人，享有精神病人的权利"，认为高某返岗会造成"其他员工在恐惧、不安、伦理尴尬的状态下工作"，同时提出高某"自行配备安保人员？还是您作为精神病患者，请人力资源和社会保障局介入？"当当网公司还表示公司男女同事坚决反对高某使用男厕或女厕，"变性人如厕，如何做到并尊重和保护其他员工的权利及意愿，请您及您的律师提供方案"。

对此，终审法院在判决书结尾以近千字回应[1]，首先呼吁包容与尊重多元，"我们习惯于按照我们对于生物性别的认识去理解社会，但仍然会有一些人要按照自己的生活体验来表达他们的性别身份，对于这种持续存在的社会表达，往往需要我们重新去审视和认识"，"因为只有我们容忍多元化的生存方式，才能拥有更加丰富的文化观念，才能为法治社会奠定宽容的文化基础，这或许就是有学者指出社会宽容乃法治之福的逻辑"。

同时，在裁决书中，法院指出变性人作为劳动者享有平等就业权，认为尽管《劳动法》和《就业促进法》没有明确规定劳动

---

[1] 参见《北京当当网信息技术有限公司等劳动争议二审民事判决书（2019）京02民终11084号》。

者不因变性而受歧视,但劳动者因为进行性别置换手术而转变性别并获公安机关认可后,其享有平等就业不受歧视的权利,应系其中之义。"我们尊重和保护变性人的人格、尊严及其正当权利,是基于我们对于公民的尊严和权利的珍视,而非我们对于变性进行倡导和推广"。法院还呼吁当当网公司及其员工以更加开放、宽容的心态面对高某。

比照前述跨性别平等就业权纠纷第一案,尽管本案使用的案由为"劳动争议纠纷",判决书仍十次提到"歧视"字眼,并呼吁尊重"变性人的人格、尊严及正当权利"。判决书在网上公布后,结合网络媒体的报道,取得了较好的反性别歧视宣传效果,被众多微信公众号贴上"史诗级判例"的标签,冲上微博热搜,获得不少网友的点赞和肯定。

(四)反性别歧视典型性案例的示范和推动作用

1. 非婚生育妈妈申领生育保险首案

张某是上海的一位单身妈妈,孩子出生后,她向当地街道办提交了生育保险待遇申请,并进行计划生育情况审核。几天后,张某收到不予受理通知书,当地街道办认为张某的生育行为不符合享受生育保险的条件,因此不予受理她的生育保险申请。2017年7月28日,张某不服当地街道办的行政决定,向上海市浦东新区人民政府提交行政复议申请书,提出行政复议。三个多月后,张某收到上海市浦东新区人民政府送达的维持当地街道办不予受理决定的行政复议决定书。

2017年12月7日,张某在律师的帮助下,以上海市浦东新区人民政府金杨新村街道办事处与浦东新区政府为共同被告,向上海市浦东新区人民法院提起行政诉讼,试图通过行政诉讼的途径实现权利救济。2018年1月23日,上海市浦东新区人民法院公开开庭审理本起行政诉讼案。2018年4月24日,上海市浦东新区人民法院做出一审判决,驳回了张某的诉讼请求。

在寻求司法救济的同时,张某又向上海市社会保险事业管理中心申请生育保险,并向管理中心书面说明本人属于未婚生育第一胎,管理中心以本人未能提供《计划生育情况证明》为由拒绝发放生育保险待遇并出具了办理情况回执,回执中说明因其本人提供的材料缺少《计划生育情况证明》,因此不能办理。为此,2018年7月,张某又以上海市社会保险事业管理中心为被告向上海市浦东新区人民法院提起行政诉讼。请求上海市社会保险事业管理中心为其发放生育保险待遇,并请求审查规范性文件《上海市申请享受生育保险待遇计划生育情况审核办法》第二条、第三条规定的合法性。

同年6月,张某向司法部、上海市人大等单位寄出关于《上海市城镇生育保险办法》的合法性审查建议信,建议对上述文件的第十三条和第十七条进行合法性审查,取消其中关于申领生育生活津贴、生育医疗费补贴的妇女必须具备"计划内生育"的条件的规定(第十三条第三款);其申领津贴、补贴的手续中也应当取消"人口和计划生育管理部门出具的属于计划内生育的证明"(第十七条第一款)。

2018年8月，上海市浦东新区人民法院就本案做出一审判决，驳回了张某的诉讼请求；张某不服一审判决，向上海市第三中级人民法院提起上诉，上海市第三中级人民法院做出二审判决，驳回张某的上诉，维持原判；2019年7月，张某向上海市高级人民法院申请再审，11月，上海市高级人民法院就本案再审事宜组织听证；2020年2月，上海市高级人民法院就本案做出行政裁定，认为原一审、二审法院做出的判决在事实认定、法律适用方面均无不当、应予维持，并驳回了张某的再审申请。同时，上海高院也在裁定书中明确表示对申请人张某的诉求表示理解。2020年7月，张某向上海市人民检察院寄出《申诉书》，请求其对上海市第三中级法院做出的行政判决提出抗诉但未被支持。2021年1月，张某向最高院提出申诉。

2021年1月1日起，上海取消了对非婚生育申领生育保险金的限制，成为继广东之后、全国第二个单身生育可顺利申领生育保险金的地区。经过长达4年的努力争取，张某终于成功申领到生育保险金。尽管张某在诉讼中未能胜诉，但本案对上海取消非婚生育申领生育保险金的限制、保障非婚生育妈妈的权益具有积极的影响。

2. 首例性骚扰损害责任纠纷案

徐某在四川省成都市一家社工机构的温江区工作站从事社工服务工作。2015年8月的一天，机构理事长刘某趁工作站只有徐某和刘某两人之际，长时间拥抱徐某，徐某挣扎时坐到刘某大腿上，刘某又从背后紧紧抱住徐某腰部，徐某挣扎脱身。后徐某向机构秘书长投诉，但未得到有效处理，徐某因此事精神受到很大伤害，表示刘某的行为也使得她无法继续从事其热爱的社工工作。2018年8月，徐某以人格权纠纷诉至法院，认为刘某作为机构负责人，利用自己的优势地位，对女员工实施性骚扰，给其精神造成伤害，应当承担精神损害赔偿责任。徐某所在机构没有履行防治职场性骚扰的法定义务，因此承担连带赔偿责任。2019年1月1日，最高人民法院新增案由"性骚扰损害责任纠纷"正式实施，徐某在2019年3月第一次开庭时申请将此案案由变更为性骚扰损害责任纠纷，获得法庭准许。

成都市武侯区人民法院经审理认为，本案中刘某的行为超出了一般性、礼节性交往的范畴，带有明显的性暗示，违背了徐某的意志，对徐某造成了精神伤害，构成对徐某的性骚扰。综合考虑行为方式和后果，遂判决：刘某向徐某当面以口头或者书面方式赔礼道歉，但未支持徐某要求精神损害赔偿以及单位承担责任的请求。宣判后，徐某、刘某均不服，提起上诉。成都市中级人民法院判决驳回上诉，维持原判。判决生效后，因刘某未主动向徐某赔礼道歉，根据徐某申请，人民法院发布强制执行公告，并在人民法院公告网、人民法院报上全文公布裁判文书。

本案是性骚扰损害责任纠纷成为新案由后的首案，并且受害人获得了胜诉，因此本案在今后的司法审判实践中具有积极的引导作用。本案入选2019年度十大公益诉讼、2020年度成都市法院的十大典型案例以及四川省的全省法院十大典型案例。四川省高院认为本案的典型意义是：职业场所是性骚扰的高发区，不仅令受害人产生心理压力与创伤,而且侵犯了受害人的人身权。长期以来,绝大多数性骚扰受害者基于从属关系、文化偏见、维权困难、举证困难等原因,选择了沉默。新颁布的《民法典》第1010条对性骚扰行为做出明确界定,并提供了维权路径,"违背他人意愿,以言语、文字、图像、肢体行为等方式对他人实施性骚扰的,受害人有权依法请求行为人承担民事责任。机关、企业、学校等单位应当采取合理的预防、受理投诉、调查处置等措施,防止和制止利用职权、从属关系等实施性骚扰"。本案中,人民法院依法认定刘某的行为构成性骚扰,判令刘某当面道歉,并在刘某拒不履行生效判决的情况下,依法发布强制执行公告。本案的依法审理和强制执行,打击了性骚扰行为,并鼓励受害者打破沉默、主动维权,同时也提高了社会公众对性骚扰问题的重视,提示机关、企业、学校等单位加快建立健全性骚扰预防和制止机制。

四、对策与建议

(一)加强现有反歧视法律、法规和政策的实施力度,建立相应的制度实施评估机制,建立促进性别平等的专门机构与配套机制

进一步完善法规政策的性别平等审核和评估机制,落实针对现有法规政策的性别平等审核和评估工作。在地方层面,对已经建立法规政策性别评估机制的30个省区市,加强评估工作的落实,并注重推广经验,在更多地方建立健全法规政策性别评估机制。

在国家层面，在总结地方经验的基础上探索建立国家层面的性别平等评估机制，发挥机制在立法评估、执法评估、司法评估中促进性别平等的综合效能，进一步推动法律规定的平等和非歧视以及诉诸司法的机会平等。①

当前我国对就业和性别歧视问题尚未建立专门机构来受理和处理案件，建议可在现有良好实践的基础上扩大试点范围，逐步探索建立国家和地方层面的平等机会委员会回应现实需求，健全歧视受害者的申诉机制。专门机构的建立应明确机构职责是什么、如何受理和处理申诉案件等具体问题。

（二）完善就业和抚育支持性措施，提高企业违法成本

首先，对企业歧视婚育女性劳动者的问题，提高企业违法成本，同时采取适度补贴和鼓励措施引导企业平等雇佣。建议增设惩罚性赔偿制度，并修改和完善现有反歧视法律法规对企业歧视行为的追责机制。同时，出台暂行特别措施以鼓励企业平等雇佣的积极性，例如表彰模范单位，给予适当补偿和税收优惠、贴息贷款、行政费用减免等优惠政策。

其次，针对有需求的女性劳动者及易受歧视群体，以政府购买服务等方式为其提供免费培训、免费职业介绍等措施扶持就业，并鼓励其自谋职业。尤其是通过免费培训提高她们的竞争力，从

---

① 联合国妇女署：《第四次世界妇女大会暨〈北京宣言〉与〈行动纲要〉通过二十五周年国家级综合审查报告》，2019-07-05，[2024-09-27]，https://www.unwomen.org/sites/default/files/Headquarters/Attachments/Sections/CSW/64/National-reviews/China.pdf。

而缩小在就业比例、晋升和收入等方面的性别差异。

再次，完善生育保障和幼老照顾政策。落实生育保险制度并扩大其覆盖率，促进生育成本社会化，让所有女职工生育后均能从生育保险基金获得生育费用。[①] 逐步将灵活就业人员纳入生育保险参保范围。考虑到我国青年人口中灵活就业比重上升，其收入的不稳定性也较高，将其纳入生育保险的覆盖范围十分必要。由生育保险基金对用人单位进行补贴。生育休假还会给用人单位带来除工资外的其他成本，如支付其他员工的加班工资等，应考虑适度补贴用人单位的相关成本，补贴的水平应与根据享受生育津贴员工的数量挂钩。

建立育儿假、陪产假等生育假期制度，延长带薪父亲陪产假，建议将其延长到至少 1 个月，同时父亲陪产假期间的生育津贴也应由生育保险支付；尽快落实父母育儿假制度，建议对于有 6 岁以下的儿童的家庭，父母双方根据孩子数量每年可分别享受一定的带薪假期，津贴由生育保险基金支付。进一步完善婴幼儿照护政策和养老服务政策，促进 3 岁以下婴幼儿照护服务发展，加强中小学课后服务，为妇女就业创造良好环境和条件。

最后，要推进工资分配制度改革，提高企业识别工资歧视的性别敏感度，鼓励企业制定工作价值评估制度。当前已有部分大企业形成了较为精细且成熟的工作评估体系，可将大企业的经验成果推广复制至其他企业，建立以劳动技能、责任、强度、条件

---

① 参见刘明辉、唐芳：《关于新乐市就业歧视状况的调研报告》，载刘小楠主编：《反歧视评论》（第二辑），法律出版社 2015 年版，第 109—221 页。

和劳动贡献为依据的基本工资制度，推进企业内部分配改革。

（三）全方位加大力度，保障特殊弱势女性的就业权

遭受多重交叉歧视的残障女性、艾滋病感染女性、农村女性、流动女性和多元性别女性等特殊弱势群体是最迫切需要改善就业权益的女性群体，因此，建议重点关注特殊弱势女性的权益受损情况，针对她们的特殊需求配备相应公共设施、加大政策扶持力度，以构建相对友好完善的求职环境。

第一，出台针对残障人士的就业支持扶助政策。研究表明，影响日常生活的残疾程度和农村户籍会显著抑制残障人士选择就业，这种负效应在残障女性身上表现得更加明显，而拥有医保和婚姻伴侣的残障人士更倾向于选择就业。① 对此，政府可以采取有针对性的措施鼓励和支持残障人士就业，如通过购买服务等方式为残疾人提供职业康复，即依据个体伤残程度，提供与匹配职业相关的就业培训、信息咨询和提供返回工作岗位计划等服务，或者提供更多的残障人士扶持性就业岗位。②

第二，赋能特殊弱势群体女性，通过加强特殊弱势群体的社会支持系统缓解其就业压力，并增强其自主性、能动性和心理健康水平。利用社区网格化管理，对特殊弱势女性群体进行精准赋

---

① 邢芸、汪斯斯：《残疾人就业：教育、残疾程度和性别的影响》，《教育与经济》2016年第6期。

② 邢芸、汪斯斯：《残疾人就业：教育、残疾程度和性别的影响》，《教育与经济》2016年第6期。

能,提供更多的培训机会,增强其职业竞争力,提高其工资水平。

第三,提高流动人口的城市融入意愿和融入能力。一是要深化户籍制度改革,推进流入地城市公共服务均等化,改善流动人口的居住环境和福利状况,尤其要让进城务工流动人口和中低收入流动人口家庭享受均等的公共资源和服务。二是要加强流入地城市公共教育体系建设,解决流动人口子女教育问题,特别是解决随迁子女就近入园问题,保障适龄随迁子女平等地获得正规教育和发展照护,通过学校教育减轻家庭照料成本。[①]

第四,要重视发挥民间组织在维护妇女平等就业权、反对就业性别歧视、支持农村女性和流动女性就业方面的优势和作用,鼓励和支持民间组织积极开展对弱势女性群体再就业的培训及权利保护行动。

第五,在疫情、重大自然灾害等应急情况发生时,应充分保障弱势女性群体的就业权。采取有针对性的措施保障特殊弱势群体的劳动权,并将行之有效的保障机制制度化。对盲人按摩等残障人士集中就业创业的场所予以政策扶持和物资帮助,优先支持其复工复产。

(四)大力倡导性别平等观念

妇女人权保障和就业平等权的议题根本上是观念的问题,建议从家庭、学校、大众媒体、社区等各个层面渗透社会性别意识,

[①] 谢鹏鑫、岑炫霏:《子女随迁对女性流动人口就业的影响研究》,《中国人力资源开发》第36卷第7期。

普及性别平等观念，促进平等、尊重和多元的思维模式成为主流。

（五）制定和完善反歧视法律法规

立法修改是一个长期的过程，要求完备的社会和立法条件，建议在法律法规层面可以分阶段推进落实妇女人权和就业平等权。

首先，对现有的反歧视法律、法规和政策，应加强实施力度，充分激活制度框架赋予的保障机制，把妇女就业权利保障落到实处。

其次，逐步对现有的反歧视法律、法规和政策内容进行细化和完善。对《劳动法》《工会法》《就业促进法》《妇女权益保障法》《女职工劳动保护规定》《民法典》和《国务院关于工人退休、退职的暂行办法》中有关性别歧视和就业平等权保障的内容予以细化，增加现有规范的可操作性。重点优先完善实务中严重侵害妇女就业平等权或急迫需要改进的法律法规，如有关男女退休年龄不同、单身母亲生育权益等歧视性政策规定。

适时以国家立法机关出台实施细则或者由最高人民法院出台就业平等和性别平等案件审理的司法解释或指导案例等形式细化和统一现有规则及其司法适用方式，促进执法和司法适用统一。在地方立法层面，要进一步推动地方反歧视立法进程。地方立法总数不足且效力层级较低，以《就业促进法》为例，2020年时只有九个省市有地方立法，且大部分效力层级为规章，仅一个省市为地方性法规，故需要加大地方立法力度和进程。

最后，待立法条件和时机较为完备时，出台专门的《反歧视法》或以其他立法形式明确歧视的内涵和外延，从根本上解决就业歧视和性别歧视的界定和认定标准不清的问题。对不同类别或针对不同群体的歧视作区分，明确具体的构成要件、举证责任、救济和追责机制等关键问题，使反歧视救济有法可依。